1日5分で
スピリチュアル・パワーが
高まる！

幸せをみがく本

スピリチュアル・
カウンセラー
高津理絵

マキノ出版

はじめに

ある日、言葉が降りてきた

スピリチュアル・カウンセラーをしています、高津理絵《たかつりえ》です。

私の本を手に取ってくださったあなたに、心から感謝いたします。

スピリチュアル・カウンセラーを日本語に直訳すると「霊的な相談相手」ということになりますが、私は霊媒師《れいばいし》さんや祈祷師《きとうし》さんではありません。

では、スピリチュアル・カウンセラーとして何をしているのかといえば、これを一言で説明することはなかなか難しくてできません。

でも、この本を読んでいただけたら、「なるほど、そういうことか！」と、わかっていただけると思います。

私はもともと、福島県のいわき市で、サプリメントや化粧品などを扱うお店で働いていました。

そして、そのお店によく買い物に来てくださったお客様との出会いがきっかけとなり、私の能力はみがかれていったのです。

そのお客様とは、いつも元気で、働き者のまち子さんという女性です。まち子さんは、私が手相・人相を見た、第一号のかたでした。今からもう、5年ほど前のことです。

まち子さんが買い物にいらしたある日、彼女がお店に入ってきた瞬間、上のほうから、

「手相を見てあげなさい」

という言葉が私に降りてきました。

「えっ、どうしよう⁉」

私は、一瞬、躊躇《ちゅうちょ》しました。というのは、まち子さんから「いつも仕事で忙しい」と聞いていたからです。忙しい人を引き止めて、「手相を見ましょうか?」と声をかけるのは、なんだか申し訳ないような気がしたのです。

ところが、今度は、こんな声が聞こえてきました。

「私の愛する娘が、今、困っています。娘の家に私の着物があります。その着物を出すように、娘にいってください」

その声は、まち子さんの亡くなったお母さんのものでした。

お母さんからのメッセージを伝えることで、何かまち子さんのお役に立てるのなら……と思い、私はまち子さんにこのメッセージを伝えることにしました。

「ねぇ、まち子さん、ヘンなこと聞いていいですか？　まち子さんのお母さん、ずいぶん前に亡くなっていますよね」

「ええ、そうよ」

「お母さんがあなたに残していった着物、今でもありますか？」

「うん……。でも、なんで？」

「それを出しなさいって、お母さんがいってるんです」

すると、まち子さんは、急に泣きだしてしまいました。

まち子さんの話によると、ご主人はいわゆる〝資格マニア〟。たくさんの資格を持っているのですが、その資格を役立てようとせず、定職にもつかず資格取得のための試験勉強ばかりしているということでした。

「ダンナは収入ゼロなのに、お金は人一倍かかるの。だから、どうしようって、ずっと悩んでいたんです」

まち子さんは、そういいます。

そこで、私はまち子さんに手相のことを話しました。

「もしよかったら、手相を見させてもらえませんか？　私、最近、ある有名なかたから手相・人相の見方を教わったんです（有名なかたから手相・人相を教わった、というのは本当のことです）」

「そうなの。じゃあ、ちょっと見てもらえないかしら……」

私が手相を見ている間、まち子さんはお母さんの思い出話を語ってくれました。私はそれを聞きながら、

「お母さんは、すごく優しくて、顔晴《がんば》り屋さんだったんですね。まち子さんは、お母さんに似てらっしゃるかも。手相にそれが出てますよ」

と、笑顔で話していたのですが、私の心の中はおだやかではありませんでした。

私がまち子さんの手にふれた瞬間、彼女が自ら命を絶とうとしていることを、

感じ取ってしまったからです。

そんなことをいっていいものだろうか、とか、いろいろ考えたあげく、私はこういいました。

「まち子さんは、優しくて、責任感も強いから、周りからいろいろ助けてもらえますよ。ただ、『自分のことより相手のために』って、いつもなってしまいがちだから、もう少しね、自分のことを大切になさると、この先、もっとよくなりますよ。

人はね、みんな、幸せになるためにこの世に生まれてくるんです。だから、まち子さんも、まず、自分が幸せになってください」

すると、まち子さんは、

「……本当はね、私、……『もう無理だ』と思って。今日、死のうと思ったの……。だけど、なぜか、理絵ちゃんのお店に行ってサプリメントを買わなきゃ、って……。死んだらサプリメントなんて必要ないのに、なぜかそう思ったの。ひょっとして、お母さんが導いてくれたのかもしれない……」

「ひょっとして、じゃありませんよ。お母さんは、ずっとまち子さんのことを見守っています。お母さんがそうおっしゃっています」

「本当ですか、あぁ……」

「だから、大丈夫ですよ。お母さんが見守っていますから。もう、自殺なんて考えないでくださいね。そんなことを考えていると、お母さんがすごく悲しみます。

あなたが生きているということは、とても大切なことなんです」

まち子さんは、泣きはらした目で私を見つめてから、ニコッとほほえんで、

「私、生きていけそう。お母さんが見守ってくれているんですもの」

そういって、帰っていきました。

その後、まち子さんは、タンスにしまっていたお母さんの着物を出し、生きていたころのお母さんの笑顔を思いだしたのだそうです。

「自分が今、守られていることを実感でき、感謝で涙が止まりませんでした」

と、後日、出会ったときにまち子さんはいっていました。

この本では、まち子さんのように、人間関係や恋愛、仕事上の問題、子育て、

健康など、いろんな悩みを持ったかたが、それをどのように解決していったのかを紹介しています。

これまでに私は、7000人近いかたのカウンセリングをさせていただきました。みなさんから感謝の言葉をちょうだいし、とてもありがたく思っています。だって、ありがたく思うのは、私のほうなのですから。

カウンセリングを受けに来られたかたたちの中には、とても大きな試練に直面しているかたもいらっしゃいます。しかし、そうしたかたたちは、素晴らしい奇跡を披露してくださいました。

私はちょっとしたお手伝いをさせていただいただけ。あなたがもっと幸せになる方向に、進んでいっていただきたいと思っているだけです。あとは、みなさんが行動し、ご自身で奇跡を起こされました。

その間、私がしたことといえば、今まで出会ったかたたちの魂《たましい》を信じ、奇跡の瞬間《とき》を待っていただけなのです。

読者のみなさんの中にも、ご自分の生き方に迷われているかた、いろいろな問題を抱えているかたもいることでしょう。

でも、そんなあなたにも、必ず奇跡は起きます。奇跡の瞬間《とき》が訪れます。奇跡を起こすのに、何か特別なことをする必要はありません。〝光〟や〝輝き〟をプラスしていくだけでいいのです。

現在《いま》のあなたの中にあるもので、じゅうぶん光り輝かせることができるのです。

私は、そのことをお伝えしたくて、この本を書きました。

この本で、あなたの心が引きつけられたこと、ワクワクしたことがあったら、楽しみながら実践してみてくださいね。

あなたに、すべてのよきことが、雪崩《なだれ》のごとく起きます！

平成十九年七月吉日　ともに光を、ともに感謝を。

高津理絵

1日5分で
スピリチュアル・パワーが
高まる!

幸せをみがく本

スピリチュアル・カウンセラー
高津理絵

マキノ出版

第2章

「家族仲」をよくする感謝の言葉

第3章 「仕事」の悩みを解消する天国言葉

第4章 「恋愛」は明るく、楽しくが基本――115

第5章 「病気」を遠ざけて治す幸せみがきの法則――135

第6章 「幸せの黄色い花」が咲く理由

プライバシー保護のため、本書に登場する人物の名前はすべて仮名です。また、個人が特定できるような情報には変更を加えてあります。ご了承ください。（編集部）

第1章

いいことが起こる「幸せみがきの法則」

あなたは〝愛のエネルギー体〟に見守られている

最初に少しだけ不思議な話をします。

信じたくないかたは信じなくても大丈夫ですので、ちょっとの間だけ、おつき合いくださいね。

人はだれでも、いついかなるときでも、優しくて、あたたかい〝愛のエネルギー体〟のようなものに囲まれて、見守られて生きています。

ここでいう〝愛のエネルギー体〟とは、守護霊《しゅごれい》さんや指導霊《しどうれい》さん、それから、とてつもなく大きな光エネルギーである神様、そういったものを全部ひっくるめたもののなのです。

守護霊さんは、私には青くすずやかな光の玉として見えます。

指導霊さんは、その人を大切に想《おも》う肉親や家族の霊が多いようです。神様は、龍神様《りゅうじんさま》など大きな力を持つ霊です。

霊とか、神様という言葉が気になるかたは、とりあえず「自分は〝愛のエネルギー体〟に囲まれているんだ」と思ってください。

それで、この〝愛のエネルギー体〟は、常にみなさんの周りにいて「幸せの道はこっちだよ」というメッセージを送ってくれています。

「そんなメッセージなんて、聞いたことがない」というかたがほとんどですが、聞こえなくてもなんの問題もありませんよ。

というのも、このメッセージは、いろいろ形を変えて発信されているからです。

たとえば、「会いたいな」と思っていた人に、偶然、街で会って話をしてみたら、そのとき自分が知りたいと思っていたこと、幸せになるためのヒントを教えてもらえた、とか。そんなことがあるでしょう。

そういう出来事があったとき、ほとんどの人は「偶然だ」と思いますが、そうではないのです。

世の中で起こることに、偶然はないのです。

あなたが受け取るべくして受け取った、幸せになるためのメッセージなのです。

しかも、そのメッセージは、限られた人しか受け取れないのではありません。人はだれでも、いろんな形でメッセージを受け取っています。

気づかないだけなんです。気づけば、今よりもっと幸せです。今よりもっと人生が楽しくなります。

メッセージに気づくのは、決して、難しいことではありません。

いいことが起きたら、素直に喜ぶ。

嫌なことが起きたら、「これは自分が成長するチャンス。この出来事をチャンスに変えなさい、というメッセージだ‼」と思う。

私は、そうしています。どんなときでも、メッセージに気づこうとしているのです。

神様に感謝を伝える方法

私がまだ小さかったころの話です。当時、私の家の茶の間には、

「喜べば、喜びごとが喜んで、喜び集めて喜びにくる」

という書と、天照大神様《あまてらすおおみかみさま》の掛け軸が飾ってありました。

幼い私にとって、天照様の掛け軸の前が、家の中でいちばん大好きな場所でした。

また、当時のわが家には、

「ありがとうございます」

と書かれた黄色い紙がいろんなところ、玄関や台所、トイレなどに貼《は》ってありました。

いっしょに暮らしていた祖母に、

「これはなぁーに？」

と、たずねたら、

「神様は、いろんなところにいて、ずっと見守ってくれているんだよ。だから、『ありがとうございます』というといいんだよ。あの紙はね、神様に感謝を伝えるために、ああやって、いろんなところに貼ってあるんだよ」

と、祖母は、私にそういうふうに教えてくれました。

また、私は祖母にこんなことをたずねたことがあります。

「今、私がおばあちゃんと話しているでしょ。でも、話していることと違うことを心の中で思っていたら、神様は、そのこともわかる？」

すると、祖母はこういいました。

「わかるよ。神様は、なんでもわかるんだよ」

「ふーん、じゃあさ、私がシンちゃん（私の弟のことです）とケンカしたことも、神様は見てるかなぁ？」

「そうだよ。だれも見てなくても、神様だけはちゃんと見てるんだよ」

こんなふうに、いつも神様を身近に感じられる環境で育った私は、とても幸せでした。

また、小さいころ、父や母に「おなかが痛いの」「頭が痛いの」といったとき、こういわれたものです。

「どこかが痛いということは、生きている証拠だよ。大丈夫だよ」

父も、母も、私に何か心配なことがあっても、いつも、優しくほほえんで「大丈夫だよ」といってくれました。

そのおかげで、私は自分を信じることができました。そんな両親の子どもとして生まれてきたこと、育ててもらったことに、私はとても感謝しています。

人の心に灯をともす

そんな気風の家ですくすくと育った私は、小さなころから神様など霊的な存在が大好きでした。霊的な存在を感じると、あたたかくて、楽しくて、とても幸せな気分になれるからです。

でも、小学校に上がったころから、世間には「神様はいない」という人たちがたくさんいること、「自分はみんなとちょっと違う」ということを、私は知ってしまいました。

私は「家の外では、不思議な話はしないほうがいいんだなぁ」と思ってしまい、そして、周りの人と同じように学生生活を送り、ふつうのOLをしていました。

ところが、二十代前半のころ、私に運命のときが訪れました。

その後、私の師匠となる斎藤《さいとう》一人《ひとり》さん（現在、累計納税額日本一で、「銀座まるかん」の創業者）と出会ったのです。

ただし、当初は、自分が不思議な力を持っていることはだれにも話していません。もちろん、一人さんも知りません。

私は、一人さんが開発したサプリメントと化粧品を販売する仕事を通じて、お客様の幸せのお手伝いをすることに専念していたのです。

ところがある日のこと。私は、一人さんから〝人の心に灯をともす手相・人相〟というものを教わりました。

〝人の心に灯をともす手相・人相〟は、「将来、こんな悪いことが起きますよ」というようなことをいって人に不安感を与えたり、心を重くするものではありません。

また、「あなたは暗い性格だから、もっと明るくなりなさい」というように、相手を批判するものでもありません。

目の前にいるかたが、今、このとき「自分は生まれてきて幸せだ」「今の自分は最高だ」と喜びを感じながら生きていくのをお手伝いするのが〝人の心に灯をともす手相・人相〟なのです。

一人さんがそれを教えてくださったとき、私にこういいました。

「人はね、もともと、神様の愛と光でできているんだよ。だけど、ほとんどの人はそのことに気づかなくて、暗くなっている。無明《むみよう》といって、心に光がまったくない人がたくさんいるの。愛と光の魂《たましい》がそういう状態だと、苦しいんだよ。だから、今、私が教えた手相・人相で人の心に灯をともしてあげるといいよ。そうすると、その人は明るく生きられるようになるからね。

そうすると、理絵ちゃんもその人に喜ばれて、理絵ちゃんの心の灯も大きくなるよ。みんなが、今よりもっと、幸せになれるんだよ」

私は「みんなが幸せになれるなんて、うれしい!!」と思い、お店のお客様に〝人の心に灯をともす手相・人相〟を見てさしあげることにしました。その第一号が、「はじめに」で紹介したまち子さんだったのです。

この出来事があって初めて、自分が小さいころから不思議な体験をしてきたことや〝人の心に灯をともす手相・人相〟をしたときのエピソードを、一人さんに打ち明けたのです。

「一人さん、私ね、『この人に、すべてのよきことが、雪崩《なだれ》のごとく起きました。

ありがとう』と唱えると、上から言葉が降りてくるんです。これはどういうことなんでしょうか？」

私がそういうと、一人さんはこういいました。

「理絵ちゃん、その力でみんなの心に灯をともし、幸せの道に導いてあげるといいよ。きっと、それが理絵ちゃんの使命なんだよ」

「私にできるでしょうか……」

「大丈夫だよ。降りてくる言葉を素直に受け止めればいいだけだからさ。きっと、理絵ちゃんならできるよ」

一人さんのこのような導きがあって、私は人の心に灯をともすスピリチュアル・カウンセラーを、自分の天職とさせていただく決心をしました。

乗り越えられない試練はない

現在、私はいわき市にあるカウンセリング・ルームを拠点に、カウンセリングをさせていただいています（申し込み電話＝０２４６－２１－５６２１）。

東京のように交通の便がいいところではないので、他県にお住まいのかたから、「そちらに行けないのですが、どうにかなりませんか?」というお手紙をいただくことがあります。

ごめんなさい。対面方式でしか、私はカウンセリングを行っていないのです。

でも、カウンセリングを受けられないからといって、今よりもっと幸せになることをあきらめる必要はありません。

もともと、人は幸せになるために、この世に生まれてきます。

明るく、楽しい笑顔で過ごせないでいるかたは、「自分は幸せになるために生まれた」と思えないかもしれません。でも、そういうあなたも、実は、幸せになるために生まれてきたのです。

まず、そのことを頭の中に留めて置いてください。それから、もう一つ、「これを知っておくといいですよ」という話があります。

あなたが今、抱えている問題は、あなたが解決できます。

なぜなら、その問題は、あなたがこの世に生まれてくる前に自分で決めてきたことだからです。

自分が書いたシナリオ通りのことが、起きているだけなのです。

自分が幸せになるためのシナリオに、解決できない試練など書くわけがありません。たとえ今世で解決できなくても、来世か、そのまた来世か、とにかく、いつか必ず、解決できます。

そうやって、ご自分の魂を信じてあげてください。

あなたが信じなくても、私は信じます。あなたの魂も、私の魂も、同じ神様の光でできているから、私は信じます。

人間の心の奥の奥にある魂は、神様の分《わ》け御魂《みたま》です。

神様の光を分けていただいた、大切な、小さな光があなたの中にも、私の中にもあるのです。

でも、もし、あなたが「今世、明るく、楽しく笑って過ごしたい」「今、ここで、幸せになりたい」と思うのであれば、今、お話ししたことを踏まえながら、これから紹介することを試してみてください。

奇跡は、あなたが「幸せの道」を歩き出せば、自然と心の中から生まれてきます。

自分と自分の周りを輝かすのは簡単

何をやっていただきたいのかというと、神様が喜ぶことです。

これをやったとき、何かが変わり、あなたの目の前で奇跡が起きます。

奇跡は、あなたが「幸せ」に向かって歩き出したとき、自然と心の中から生まれてくるものなのです（ただし、「自分は働かないけれど、大金持ちになりたい」というような願いは叶《かな》いませんよ（笑））。

神様を喜ばせることは、そんなに難しいことではありません。自分と自分の周りを光り輝かせればいいのです。

神様は、光り輝くところが大好きです。自分と自分の周りを光り輝かせれば、神様は「いい子だね、ありがとう」とお喜びになって、幸せの気づきをたくさんくださいます。

では、どうやったら自分と自分の周りを光り輝かせることができるのでしょうか。それには、「幸せみがきの法則」を行うといいでしょう。

具体的には、3つのやり方があります。どれも簡単で、1日5分もあれば、試すことができます。

この「幸せみがきの法則」を実行すれば、スピリチュアル・パワーが高まり、運がどんどんよくなっていきますよ。

幸せみがきの法則1　鏡をみがく

鏡をよーくみがくと、キラキラ輝いてきれいです。そういう、よくみがいた鏡に映った自分の姿は、汚れた鏡に映った自分よりキラキラ輝いて見えます。

つまり、鏡をみがくということは自分を大切にすることでもあるのです。

鏡をいつも曇らせずに、ホコリを寄せつけずにいると、見通しが明るくなります。直感力もさえます。

自分の考えがしっかりとまとまります。

鏡と同じように、窓もいつもきれいにしておきましょう。

幸せがすぐそこまで来ているのに、窓が汚れていると、入れない場合があります。

窓をきれいにしておくと、幸せといい情報がどんどん入ってきます。

また、朝には、起きたらすぐにカーテンや窓を開けて、新鮮な朝のエネルギーを部屋に入れましょう。

家の出入り口といえる玄関の扉もよくみがいておくといいですね。出入り口がきれいだと、いいことが雪崩のごとく起こってきます。

玄関に靴や傘、荷物などが散らばっていませんか。玄関はなるべくすっきりさせ、靴を置くのも最小限。家族の数だけにしておきましょう。

玄関に鏡を飾ることもお勧めします。鏡の形や大きさにこだわることはないでしょう。

よくみがかれた美しい鏡は、玄関から入ってくる邪気《じゃき》をはね返し、いいエネルギーを取り入れます。

また、出かける際には、玄関の鏡に自分を映して、ニコッとほほえんでから出かけましょう。その日一日が、明るい一日になるはずです。

神社には神様（ご神体）が宿る「ご神鏡《しんきょう》」という鏡があります。鏡をみがくということは、神様を大切にすることでもあるのです。

ところで、神社にあるご神鏡をのぞき込むと「神様が見える」といわれます。もし、機会があったら、ぜひ、みなさんもご覧になるといいですよ。一〇人中一〇人のかたは、ご自分が見えるはずですから（笑）。

何をいいたいのかというと、あなたも神様です、ということです。


鏡や玄関に限らず、家の中をみがくことはいいことです。家の状態は、今のあなたの状態そのものだからです。

まず、部屋の入り口のドアをみがきます。玄関や部屋の入り口の近くには、ゴミ箱を置かないようにしましょう。

なお、運気を上げたい人や、今現在、何か病気を持っている人は、以下のようなことを行ってみてください。きっと成果が上げるはずです。

いい出会いをふやしたい人　テーブルや食卓の上を片づける
仕事運を上げたい人　仕事机の上や本棚に散乱した本をきちんとタテに置く

金運を上げたい人　トイレ掃除をこまめにする。洋服をきちんと整理する
ダイエットしたい人　冷蔵庫の中身を片づける
熟睡できず、疲れが取れない人　寝るときに頭の向く方向に物を置かない
胃腸が悪い人　台所やお風呂など水回りの排水溝をきれいにする
腰痛持ちの人　階段や階段下の物置を片づける
呼吸器が弱い人　換気扇をきれいにする

運気が落ちたと感じたときや、特に浄《きよ》めたいときには、掃除をしたあと、天然塩を撒《ま》くといいでしょう。撒く前に、その天然塩はフライパンで軽く炒《い》っておきます。

撒いて三〇分後、ほうきで掃き出すか、掃除機で吸うといいでしょう。すっきり、すがすがしい気分になれます。

そうした気分こそ、スピリチュアルなパワーが高まった証拠です。

神様や幸運は、美しい鏡と美しい場所が大好きなのです。あなたの家の中を、神社のように澄んだ空気が漂う聖なる場所としましょう。

幸せみがきの法則2　言葉をみがく

できるだけたくさん「天国言葉」（次ページ参照）を口にしてください。そうすると、自分の心も明るくなって、それを聞いている人の心も明るくなります。

運のいい人を見ているとわかるでしょう。本当に運のいい人とは、ふだんからネガティブな言葉を避け、なるべくいい言葉を遣《つか》っています。そして、丁寧《ていねい》な美しい言葉遣いです。

天国言葉を心がけていると、あなた自身の魂の波長が高まっていきます。それに引きつけられて、波長の高い、いい人が集まってきます。

言葉には、言霊《ことだま》という不思議な霊力が宿っているのです。

天国言葉の言霊は、いい人を呼び寄せるばかりか、いい出来事やいい霊、幸運も呼び寄せます。

そのため、天国言葉を遣っていると、もう一度、天国言葉を口にしたくなるような出来事が起こってくるのです。

この言葉遣いが習慣になれば、最高の金運、仕事運、恋愛運、対人運に恵まれるようになります。あなた自身が、幸運にふさわしい人に、自然となっていくのです。

おもしろくて、楽しくて、すずやかな毎日を送るためには、天国言葉は最高のパートナーなのです。

なお、自分の魂の波長を落とす「地獄言葉」を口にしてしまったとしても、それをキャンセルする方法についてもお話ししておきますね。

地獄言葉を口にしたときには、その直後、「ツイてる」と一〇回いってください。それで大丈夫です。

地獄言葉を口にしたからといって、自分を責めてはいけませんよ。自分を責めるということは、自分に「許せない」といっているのと同じですからね。

●天国言葉

ついてる

うれしい
楽しい
感謝してます
幸せ！
ありがとう
許します

●**地獄言葉**
ついてない
不平不満
愚痴《ぐち》・泣き言
悪口・文句
心配事
許せない

幸せみがきの法則3　ハートをみがく

ハートをみがくためには、まず自分自身を信じ、笑顔でいることです。ありのままのあなた自身を信じて、笑顔を絶やさず、心をみがいていきましょう。

私たちは、もともとスピリチュアルな存在です。しかし、成長していくにつれて、そんな自分を思い出せなくなっていきます。その結果、日々の悩みにおぼれていくようになるのです。

私は、日々のカウンセリングで、その人の魂を見て、守護霊や神様からのメッセージを受け取り、お伝えしているだけです。

「理絵先生に出会えて、幸福な人生に変わりました」

というような感想を、私のカウンセリングを受けたかたから聞くことがあります。

この言葉自体はとてもありがたいのですが、実は、私の力で人生が変わったわけではありません。そのかたが、自分という魂が持つ本来の姿を思い出したからなのです。

本当の自分に気づくと、自分が大好きになります。自分が大好きになれば、悩みが自然と消えていき、笑顔がこぼれるようになります。

「自分大好き！」

と、何度もいってみましょう。不思議と、こういうだけで自分が大好きになり、幸運が舞い込むようになります。

そして、何か問題が起こったら、心の中で守護霊さんや神様に解決策をたずねてみてください。

すると、開いた本や街中の看板、聴いた歌、見た映画の中に答えが見つかることがあります。

魂は、生まれ変わりをくり返しています。あなたの魂も同様です。その魂こそが、ピュアなあなた自身なのです。

ただし、執着は禁物です。「絶対に幸せにならなくちゃ嫌！」などと、結果に執着しないでください。こうした執着を持つ人には、なぜかなかなか幸福が訪れません。

たとえば、私はよくパワーストーンについての質問を受けます。

「水晶を持ったほうがいいですか？」

「パワーストーンを持ったほうがいいですか？」

——などです。

そうした質問を受けたときには、「持ちたければ持っていいし、持ちたくなければ持たなくてもいいですよ」とお答えするようにしています。

それを持たないと幸せになれない、ということは決してありませんからね。

その気持ち自身が、執着を呼んでしまいます。

持つ場合には、やはり「おもしろく、楽しく、すずやかに」がポイントです。

「パワーストーンを持ったのに、いいことが起きなかった」といった感想をおっしゃるかたがいるのですが、それでは石がかわいそうだと私は思うんです。

石にしろ、何にしろ物体には命がありますから、大事になさってください。

石に「ありがとう」といってあげると、自分も石も楽しい気分になれますよ。

あなたは、あなたのままで幸福な存在なのです。

最初から完璧を目指さない

幸福を呼び寄せる法則を3つご紹介しましたが、最初から「ぜーんぶ、完璧にやらなきゃいけない」と力むことはありませんよ。

できそうなところから始めてみてください。それから、おもしろく、楽しく、すずやかにやってみてくださいね。

「おもしろく、楽しく、すずやかに」というのは、やりながら「幸せだな、楽しいな」としみじみ思えるかどうかを目安にしてみると理解しやすいでしょう。

また、神様はいつも優しいお顔をされていて、大らかで、いつも落ち着いていらっしゃいます。そういう神様のふりをしながらやると「おもしろく、楽しく、すずやかに」にうんと近くなると思います。

いずれにしろ、前に紹介した方法を「おもしろく、楽しく、すずやかに」実践されれば、自然と笑顔がこぼれます。

その笑顔は最高の光を放ちます。この光に向けて、神様はすべてのよきことを、雪崩《なだれ》のごとく起こしてくださいますよ。

第2章

「家族仲」をよくする感謝の言葉

"愛のエネルギー体"からのメッセージ

自分でも不思議でしょうがないのですが、私は幼いころから、自分の周りにいる"愛のエネルギー体"と楽しい時間を過ごしたり、たまに悩んだときに「どうしたら、いいですか?」と聞くと、上から答えが降りてくることがありました。

それから、自分以外の人についても、その人を見守っている"愛のエネルギー体"が発信しているメッセージも感じ取ることができました。

特に、人の手を触ると、自分でもビックリするぐらいわかります。

どうして、こんな不思議なことができるのかは、私にはわかりませんし、深く追求したこともありません。昔からずっとこうで、それが私にとっては当たり前のことだったからです。

そして、大人になって、「自分の目の前にいる人が、今よりもっと幸せになるために、私にどんなことができるかしら……」と考え始めた私は、師匠であ

る斎藤一人《さいとうひとり》さんに、

「人の心に灯をともす仕事をするといいよ。人を幸せに導いてあげるんだよ」

と教わりました。

そして、現在《いま》の私がいます。

現在、私は人の心に灯をともすスピリチュアル・カウンセラーをしています。

その活動は、カウンセリングを受けに来られたかたを見守っている〝愛のエネルギー体〟が発しているメッセージを、そのかたに代わって私が受け取り、迷わず幸せの道を歩き続けられるよう、声援を送ってあげることです。

ほんとうにたくさんのかたのカウンセリングをさせていただいていますが、私は今までに、「先祖の供養《くよう》をしないと不幸になる」とか、「病気になる」など、人の恐怖心をあおるようなメッセージを受け取ったことがありません。

〝愛のエネルギー体〟が発するメッセージは、いつも、だれに対しても、愛です。

「私はあなたを愛していますよ」

「いつでも、私は見守っていますよ」

と、いってくれていることを忘れないでくださいね。

感謝を忘れないことが家族仲をよくする

私たちの生活の基盤は、家族にあります。家族の健康や、家族それぞれの思いやりに対して、日々、感謝をしなくてはいけません。

家族に感謝の気持ちを持てない人は、だれに対しても感謝の気持ちを持つことはできません。

そうはいっても、家族に対して、面と向かって感謝をすることを恥ずかしがる人がいます。身内なのだから、今さら「ありがとう」などといわなくても、気持ちはわかってもらえると思っている人も多いのではないでしょうか。

しかし、毎日の生活の中で、口でいわなければ伝わらないことはたくさんあります。わかってもらえるだろうと口に出さないことで、家族のすれ違いが起こったりするものです。

いちばん感謝を伝える必要があるのが家族です。「ありがとう」をいうために、近くで生まれてきたのが家族だといえるでしょう。だから、家族には「ありがとう」をたくさんいってください。

身内に「ありがとう」といえるようになると、周りの人たちにはもっと感謝を伝えられるようになります。

特別な催しを開いてくれたり、大きなプレゼントをもらったりしたから、「ありがとう」をいうのではありません。近くに置いてある本を取ってもらったとき、洗濯物をたたんでくれたとき、そんな日常のささいな行いに対して、「ありがとう」を何度もいうといいのです。そんな小さなことから始めるといいですね。

自分が大きく変わりたいのならば、自分の誕生日に、両親に感謝を伝えることです。両親が自分を産んでくれなければ、現在ここに自分は存在しないのです。両親には最大級の「ありがとう」を伝えるべきです。思い切って、

「私を産んでくれて、ありがとう」

といいましょう。

面と向かっていうのが恥ずかしいならば、贈り物の花束といっしょに手紙を

つけ、その手紙に感謝の文章をしたためるといいでしょう。

今、家族仲がうまくいっていない人は、この感謝の心を忘れていませんか？

家族は自分を、当然愛すべきだという傲慢《ごうまん》な考えを持っていませんか？

両親がいなかったら、この世に自分は存在しないのです。自分を選んで産んでくれた両親への感謝を忘れてはいけませんよ。

遠くの人ではなく、まずはいちばん近くにいる家族に感謝の気持ちを伝えましょう。

さて、これからは、カウンセリングを受けに来られたかたたちが起こした奇跡の実話をご紹介します。

1 やっといえた「ありがとう」が母子のわだかまりを解消し就職もできた

気持ちを素直に伝えられない

私が、仕事の合い間にお店のお客様の手相・人相を見てさしあげていたときの話です。

そのころ、私のお店には隼人《はやと》くんという少年がよく遊びに来ていました。

隼人くんがお店に遊びに来ていたのは、手相・人相を見てもらうためではなく、買い物をするためでもありません。

隼人くんは、私のことを「お姉さん」と呼んでくれ、慕《した》ってくれていました。たぶん、姉と話がしたくて遊びに行く、という感覚だったのだと思います。

当時、隼人くんは十七歳。建築現場でまじめに働いていました。体が大きくて、ぱっと見、いかにも「ツッパッてる」という感じの子なのですが、明るくて、根は優しく、顔晴《がんば》り屋さんです。

ただ、中学生のころはかなり荒れていて、何度も補導されたのだそうです。

「だから、俺《おれ》、高校に行けなくて、日雇《ひやと》いで働いているんだ」

と、隼人くんはいっていました。

隼人くんには、ご両親、とくにお母さんに「迷惑をかけて申し訳ない」という気持ちが強くあったのですが、そういう自分の思いをうまく伝えられないようでした。

お母さんとの関係がうまくいっていないというのではないのですが、隼人くんは自分の気持ちを素直に表現できないもどかしさからイライラするし、お母さんはそういうわが子を見て「この先、大丈夫だろうか」とハラハラ、ドキドキするばかり。母子の間には、いまひとつ、すっきりしない空気がただよっているような感じでした。

そこで私は、あるとき、隼人くんにこういってみました。

「**お母さんに『ありがとう』っていうと、いいよ。『産んでくれてありがとう』って**」

でも、隼人くんは、首をタテに振りませんでした。その理由をたずねると、

「だって俺、今までさんざん泣かせてきたんだよ。今さら、そんなこと……」

そんな隼人くんに、私はこういいました。

「でも、あなたが仕事に行くときには、お母さん、必ずお弁当を作って持たせてくれるでしょ？」

するとと、隼人くんはキョトンとした顔で、

「お姉さん、なんでそんなこと知ってるの？」

「ふふっ、お姉さんね、なんでもわかるんだー。だからね、お母さんに『お弁当、ありがとう』って、いってごらん。いいことあるから」

「産んでくれてありがとう」

ところが、隼人くんは「いえない」といいます。

「母親が子どもの弁当を作るのは当たり前のことじゃん。なんで、『ありがとう』っていわなきゃいけないの？」

隼人くんがそういうので、私は「ありがとう」という言葉の意味を教えました。

「『ありがとう』はね、あるはずのないものが出てきたことに対していう言葉なんだよ。

さっき、自分はお母さんを泣かせてきたって、いったでしょ？　人ってね、普通、自分を泣かした人のために何かをしてあげようとは思わないのよ。それを考えると、ひょっとしたら、あなたのお弁当もなかったものかもしれないじゃない？　だけど、あなたのお母さんは、あなたが仕事のときは必ず作って、持たせてくれるでしょ。それって、あるはずのないものが出てきた、ということなんだよ。だから、『ありがとう』って、いわなきゃね」

そんな話をした次の日。

また隼人くんが、お店にやってきました。

「お姉さん、俺ね、昨日あれから考えて、おふくろに『ありがとう』っていおうとしたの」

「顔晴ったね！　すごい、すごい！」

でも、隼人くんはうつむいたまま、ポツリ、

「でも、俺、いえなかったんだよ」

隼人くんは、お母さんに「ありがとう」といおうと思ったものの、いいなれないし、恥ずかしくて言葉が出てこなかったらしいのです。

「台所に行って、弁当箱を置いて、いうタイミングを見計らっていたんだけど、俺がウロウロしてたら、おふくろがビビッちゃって（笑）。『な、何よ、あんた』っていうから、俺、『なんでもないよ』って。それで終わった……」

隼人くんはちょっと落ち込んでいるようでしたが、

「いおうと思っただけでも、顔晴ったと思うよ。大丈夫よ、いつか必ず『ありがとう』っていえるから。私は、隼人くんを信じてるよ」

私がそういうと、隼人くんはニコッと笑顔になって帰っていきました。

それから一〇日ほどが過ぎたころ、隼人くんがやってきました。

ニコニコしながらお店の中に入ってきた隼人くんに、

「いい笑顔してるね」

というと、隼人くんは、

「お姉さん、俺、いえた。あれから一週間後に、『俺を産んでくれてありがとう』って」

母子で感じた最高の喜び

隼人くんの話によると、「ありがとう」といわれたお母さんは泣きながら、こういったそうです。

「悪いことばっかりやるから、お母さん、あんたのこと『まったく、どうしようもなくて』って思ってて。まさか、あんたが『ありがとう』をいってくれるとは思わなかったよ。でも、すごく、うれしいよ、ありがとう」

そして、お母さんは隼人くんが生まれたときの話をしてくれたのだそうです。

「子どもを産むの、スゲー痛いし、大変だっていうじゃない？　でも、ウチのおふくろは、俺がおなかにいるのがわかったとき、うれしくて、俺が出てくるのをすごく楽しみにしてたんだって。それで、俺が『オギャー』といって出てきたとき、痛いの忘れて、感動して涙が止まらなかったんだって。それで……」

「どうしたの？」

「……俺、スゲー、うれしくてさぁ。俺、柄《がら》にもなく、泣いちゃったよぉ。つくづく、親ってありがたいなぁ、って思いました」

隼人くんからそういう話を聞いた翌日、私のお店に一人の中年女性がニコニコしながらやってきました。

笑顔のステキなその女性は、隼人くんのお母さんでした。

「うちの息子は、私に『ありがとう』といったことはないし、人様にも絶対いえるような子ではないと思っていたんです。

それなのに、突然、『ありがとう』というから、『どうしたの？』って聞いたんです。そうしたら、『お姉さんが、俺のことを信じる、っていうから』と。

あの子は、人様から『信じてる』といってもらったことがないんです。そんなことをいってくれたのは、あなただけです。ほんとうにありがとうございました」

そういう話をして、隼人くんのお母さんは帰っていきました。

ところが、それからしばらくたって、その年の夏。隼人くんにとっても、そしておそらくお母さんにとっても、予想しなかったことが起きたのです。

信じる気持ちが人を変える

あれは、私が地元の夏祭りに出かけたときのことです。

たくさんの屋台が立ち並ぶ中を歩いていたら、私の耳に、

「お姉さん！　お姉さん！」

という声が聞こえてきました。私は通り過ぎようとしたのですが、

「俺だよ、お姉さん！」

といわれたので「俺だよ、って、だれ？」と思い、振り返ってみたら、あの隼人くんです！

「あれー、どうしたの？」

「今、日雇いの仕事がないから、ここの屋台でバイトしてるんだ」

そんな話をして、帰り際、彼の隣にいた、ちょっとコワモテのおじさんに、

「この子ね、すごいいい子なんです。だから、よろしくお願いします」

といって、私は帰りました。

それから一、二週間後に隼人くんが私のお店にやってきて、こういいました。

「お姉さん、聞いて。すごくいいことがあったんだ。これは奇跡だよ」

話を聞いたところ、夏祭りで私と会ったあと、あの〝ちょっとコワモテ〟の露天商のおじさんに隼人くんは、

「おまえ、今ここでバイトしてるけどな、どこに行っても大丈夫だぞ。さっき、『この子はいい子だから、よろしく』といって帰った女の人がいたけど、俺もそう思うよ。おまえ、いいヤツだし、真面目に働くから、信用されると思うよ」

といわれたそうです。

だれからも信用されていないと思い込んでいた隼人くんにとって、この言葉をもらえたことが奇跡だったのです。

「警察に何回も捕まったことがあるし、今も定職につかずにフラフラしてるし。こんな俺を、そんなふうに見てくれている人がいるとは思わなかったんだ。だから、おじさんの言葉はね、ほんとうにありがたかった。

それと、前にお姉さんが俺に『信じてるよ』っていってくれたでしょ。遅くなっちゃったけど、お姉さん、ありがとう」

隼人くんはそういうと片手を軽くあげ、「ほんじゃ」といって帰っていきました。

自分が励ましているつもりでいた隼人くんに、逆に灯をともしてもらい、私も感動してしまいました。

今では、隼人くんも二十歳を過ぎました。仕事に就いて、毎日、がんばっていると聞いています。

2 掃除して家に光を入れたら夫婦仲がよくなり弟も新たな職が決まった

「あせらないで」と守護霊が……

あるとき、久美子《くみこ》さんという女性のカウンセリングをしたことがあります。

私が見た感じではいろんな心配事を抱えているかたのように思えましたが、久美子さんは決して自分から悩みを打ち明けようとしません。そこで、私は手相の話から入っていきました。

「いい手相してますね。久美子さんは、人に好かれるタイプですよ。ただね、人に頼まれると断れないでしょう。人のことになると一生懸命になって、自分のことがね、後回しになってしまいがちなんです。なので、まず、ご自分のことをなさってくださいい。それとね、守護霊《しゅごれい》さんのほうから、『あせらないで』という言葉が出るんです。何か、あせってらっしゃることがありますか?」

すると、久美子さんは、

「……仕事の効率を上げなきゃいけないのに、思ったように仕事が進まなくて。ノルマを達成できないんです」

「久美子さん、今年は繁栄のすごくいい年ですよ。だから、あせらず、自分のペースでいって大丈夫ですから。**まず、ご自分を信じてください。**」

今、あなたが住んでいるおうちには、ほかにどなたかいますか？」

久美子さんは「自分と主人の二人住まいだ」とおっしゃいました。

「そうですか。**玄関の内側と、外側をよくふくようになさってください。**よくふいていただくと、運気の流れがよくなりますからね。玄関が大切なんです。玄関を明るくしてくださいね。

それと、ご主人、最近、笑顔が少なくなっていませんか？」

私がそういうと、久美子さんはビックリして、

「最近イライラしています。八つ当たりされることもあります」

「久美子さんね。ご主人、お仕事がお休みの日でも、疲れが抜けきらないようなんです。でも、**寝室のカーテンをしっかり開けて昼間、光を入れてあげると、**全然違うと思いますので、やってみてくださいね」

そういったあと、私は気になっていた〝あること〟を確かめることにしました。

「ところで、ご主人はご長男ですか？」

「はい」

「たぶん、ご主人か、久美子さんのどちらかのお母さんでね、あなたにいろいろおっしゃるかたがいるんですけど……」

「どっちもうるさいんですけど（笑）、どちらかというと私の母のほうがうるさいかもしれません」

私は久美子さんのお母さんと波動を合わせてみました。すると、彼女の仕事や夫婦仲がうまくいっていないことをなんとなく感じていて、久美子さんに「大丈夫なの？」とか、「お母さんはあなたが心配よ」とか、よくおっしゃっていることがわかりました。

また、久美子さんはお母さんに心配をかけていることを「申し訳ない」と思っているように私は感じたので、久美子さんにこういいました。

「お母さんは、あなたが生まれたときにほんとうにうれしかったんですって。お父さんがほんとうに喜んでくれたことも、お母さんにとってはうれしかったそうなんです。『何回も、何回も寝ている姿を見にいって、みんなで喜びました』って、お母さんと波動を合わせてみたらね、そうおっしゃっていますよ」

するると、それまで久美子さんが自分の胸の内にためていた思いが、涙となってあふれてきました。

「久美子さん、最近、自分がなんで生まれてきたんだろうとか、何のために生まれてきているんだろうと、ずっとね、考えていらっしゃるのではないですか?」

「……はい」

「生きているということは、生きてほしいと願った、神の愛なんです。

神様とご両親に感謝なさってくださいね」

家の玄関を掃き浄める

「お母さんは、あなたをまだ子どもだと思って接してきますよね。でも、『ありがとう、わかったよ』とか、『ありがとう、じゃあ、こうするね』とか、『ありがとう、でも、こうだよ』とか、**『ありがとう』をたくさんいってあげる**と、いいと思いますよ。

あとね、久美子さんは、たとえ相手が悪かったとしても、『自分がもっとこういういい方をしたほうがよかったんじゃないか』『こういうふうにできたんじゃないか』って、自分を責められているようですけれど、自分を責めないでください。

守護霊さんは『**これから先、何があっても、人の力を借りてでも、あなたたちを守るからおそれないでください**』って、おっしゃっていますよ」

そして、もう一つ気になったことがあったので、そのことをお話ししました。

「あとね、お母さんが弟さんを心配されているのがすごく出ているんです。その心配事を、久美子さんにもおっしゃるでしょう」

「はい。弟は職を転々としたり。そのことでお嫁さんとケンカになって、間に入った母がお嫁さんといい合いになったり、いろいろあるものですから……」

「そういう話を聞くと、あなたもお母さんといっしょになってハラハラするかもしれないけれど、今度お母さんに弟さんのことをいわれたら、『お母さんの子だから、大丈夫だよ』っていってあげてください。

弟さんは、顔晴《がんば》り屋《や》さんですよ。確かに、お仕事をすぐに辞めるけど、でも、『ちゃんと仕事を見つけて働こう』という気がすごくあるかたなんです。すごく真面目なかたなので、周りからいわれれば、いわれるほど、『自分なんて』と思いがちなんです。

でも、あなたがお母さんに『ありがとう』とか、『お母さんの子だから、大丈夫だよ』といってあげると、すごくいい流れになりますよ。

あと、何か聞きたいことはありませんか？」

「弟のお嫁さんなんですけど……」

守護霊さんの言葉が、久美子さんの心をほぐしてくださったのでしょう。自分から悩みを打ち明けてくれるようになりました。

久美子さんの話によると、弟さんのお嫁さんは、妊娠・出産のたびに体の調子が悪くなるとのことでした。でも、久美子さんはお嫁さんの健康が心配というよりも、弟さん夫婦が自分たちの家を空き家にしていることを心配しているように私には思えました。

「弟たちが結婚したとき、実家のすぐ近くに自分たちの家を作ったんです。なのに、お嫁さんのほうの実家へ行ったり、また実家に転がり込んだりして、自分たちの家には全然いない状態なんです。今年、仏壇を弟の家に移したもので、『ちゃんと自分たちの家に住まないとダメだ』と私はいうんですけど……」

「できるのであれば、弟さんに自分の家の中に光を入れるようにいってあげてください。いつも、閉めっぱなしのようなので、家の中が暗い感じがしますから。光をしっかり入れていただくと、いい方向に流れると思いますよ。

それとね、今度、弟さんにお子さんが生まれますよね」

「はい」

「**子どもは光を持って生まれてきます**ので、心配しなくても大丈夫です。光を家の中に入れるようにすると、すごくいい方向に流れるのでやってみてください。あとね、できれば、弟さんに今からいうことをお願いしてみてください」

私が伝えたのは、弟さんの**家の玄関を掃《は》き浄《きよ》める**ことでした。

まず、玄関の靴を置いているところ、そこに置いてある物をどかし、お塩（自然塩）を撒《ま》きます。五分ぐらいそのままの状態にしておき、五分たったら外に掃き出します。

「そのときに、**玄関のドアの内側と外側をふくと、いいですよ**。そうすると人生の流れが変わって、弟さんたちは自分の家に住めるようになりますから。大丈夫だと思いますよ」

できる範囲で始めることが大事

カウンセリングを終え、自宅に戻った久美子さんは、まず実家に電話をかけたそうです。電話をとったのは弟さんでした。

「今日、スピリチュアル・カウンセラーの理絵先生に見てもらったんだけど、あんたのことをいわれた」

久美子さんがそういうと、弟さんは開口いちばん、

「えっ！　俺が会社を辞めたって、いわれたのか？」

久美子さんは「またか……」と思ったそうですが、そのことには一切ふれず、

「いや、あんたは顔晴り屋さんだから大丈夫だ、っていわれた。それと、今度、生まれる赤ちゃんは光を持って生まれてくるんだって。でも、せっかく光を持ってきても、あんたのウチ、いつも閉めっぱなしで暗いでしょ」

久美子さんはそういうと、家の中に光を入れること、玄関を掃き浄めてドアの内側と外側をみがくことを伝え、

「強制はしないけど、もしあんたが気になるなら、やってあげるといいと思う」

そういって電話を切ったそうです。

そして、久美子さんは、その翌日から自分の家の寝室のカーテンを開け、光を入れてから会社に行くことにしました。また、それまでは一ヵ月に一度ぐらいしか掃除をしなかった玄関と寝室を週に一度掃除し、玄関のドアの内側と外側をふくようにしました。

「ただ、先生がおっしゃっていた『玄関が大切』という言葉が引っかかっていて、玄関を明るくするにはどうしたらいいんだろうかと、ずっと考えていました。

最初は、単純に『明かりをつければいいんだ』と思って照明をつけてみたのですが、つけても倹約家の主人がすぐ消すし、『消さないで』というとケンカになるし。

ところが、玄関の掃除をしていたら、明るくなったことに気づいたんです。古いマンションだから玄関の壁も黄ばんでいるのですが、壁をふいてホコリやクモの巣を取り払ったら明るい雰囲気《ふんいき》になったんです」

さらに、久美子さんはこんなことにも気づいたのだそうです。

「朝、カーテンを開けて寝室に光を入れたら、ホコリだらけのところに布団を敷いて寝ている主人がいたんです（笑）。これはスゴイ！　と、今さらながら驚いて、ほかの部屋を見てみたら、やっぱり汚い。窓も、壁も汚れ放題でした」

ご主人のためだけでなく、自分のためにも「これはよくない。きれいにしなきゃ」と思った久美子さんでしたが、仕事が忙しくて毎日家の掃除ができません。そこで、彼女はこう考えました。

「毎朝、リビングに掃除機をかけることと、トイレの便器をふくことぐらいなら、私にもできるかもしれない」

そして、彼女は「毎朝、最低限これだけはやろう。これだけやったらOKということにして、残りは週末にやろう」と決めてやったのだそうです。

「前は『めんどう』と思っていたのですが、そういうふうにやってみたら掃除は意外と楽でした。それから、主人も『最近、身も心も休まる』といってくれたし、私もきれいになったのを見ると気分いいんですよ。だから、掃除するのが楽しいんです。

朝、掃除をして楽しくなって、そういう気分で会社に行くから仕事もはかどるんですよね。今までは仕事優先で、自分の身の周りのことは後回しにしてきたけれど、先生がおっしゃったように、自分のことをちゃんとやってからでも全然問題ないんですね。むしろ、今のほうが仕事の効率がいいですね」

前回のカウンセリングと比べて、明るくなった久美子さんに、私はこういいました。

「でしょ？　それとね、掃除は人のためのものなんだけど、自分の幸せのためのものでもあるんです。自分の幸せのためにやるのだから、自分がね、しみじみ『ああ、気持ちいいな、楽しいな』と思える程度にしておいてくださいね。

あせったり、イライラしたりしながらやっているのは楽しめていないということですから、そういうときは掃除をお休みしてもいいですよ。また明日から続ければ大丈夫ですからね。**いいことを続けることが大事**なのですから」

「はい、わかりました。あと、弟のことなんですが、『あんたが気になるなら、やるといいよ』といったままにしているのですが、それでよかったでしょうか」

「いいと思いますよ。久美子さん、弟さんを信じましょうね」

ところが、久美子さんは自宅に戻ってからも弟さんのその後が気になってしかたがなく、実家のほうに〝さぐりの電話〟を入れたのだそうです。

母が〝光〟を見た⁉


その日、電話に出たのはお母さんでした。久美子さんは弟さんに伝えたのと同じことを話し、

「ちゃんとやってるかどうか気になって電話したんだ」

そういうと、お母さんはこう応《こた》えたそうです。

「そういえば、最近、あの子のうち、カーテンを開けっぱなしだよ。ヘンだと思ったら、そういうことだったのね。でも、玄関は掃き浄めたかしら……。いいよ、大丈夫、お母さんがやるから」

「でも、お母さん、あの子を信じてあげようよ」

「えー、でも。あの子、やったかもしれないけど、いいことは何回やってもいいいんじゃないの？ ねぇ、それよりも、お母さんも理絵先生に一度お会いしたいわぁ。

でも、孫のめんどうを見なきゃいけないから、無理だね」

「じゃあ、先生の特集が雑誌に掲載されているから、それを送るよ。それを読んで、何かやってみたらいいじゃない」

そういう話をして、久美子さんは電話を切ったそうです。

それから一週間後、久美子さんは別の用事があって実家のお母さんに電話をしたところ、お母さんにこういわれたのだそうです。

「そういえば、この前の話なんだけど、不思議なんだよ……」

久美子さんから聞いた話によると、お母さんが弟さんの家の玄関のドアをふいていたとき、お母さんに光が見えたらしいのです。

「『雰囲気が明るくなった』というのではなく、『ちょっとだけだけど、光が見えたんだよ』って。私には母が何をいってるんだか、さっぱりわからないのですが、母がとても喜んでいるので、一応『よかったね』といっておきました。

それと、『この前、送った記事に書いてあること、鏡をみがくこととか、天国言葉とかを私もやっているから、お母さんもやってみて』と。『やるだけやったら、あとは神様にお任せしよう』といったんです。そうしたら、母は意外と素直に『そうだね』といってくれました」

たぶん、お母さんが見た光は、神様からのプレゼントではないかと思います。

「いつも私は、すべての人々を明るく照らして守っているから大丈夫ですよ」

この愛のメッセージを、神様は久美子さんのお母さんに光としてお届けに来られたのだと思います。

久美子さんも、お母さんも、今では弟さんを強く信じています。

そして、弟さんは新しい職を得て、生まれてくる新しい命を楽しみに、仕事に励んでいるということです。

3 信じて愛することが逮捕歴のある息子を更正させ家族の結束を深めた

ご子息の逮捕のシーンが見えた！

正《ただし》さんが私の目の前に現れたとき、一瞬、私は言葉を失ってしまいました。というのも、正さんの家族が、今とても大きな試練に直面していること、息子さんがある事件にかかわっていることが、わかってしまったからです。

「先生、よろしくお願いします」

そういっていすに座る正さんの顔には笑みはなく、まるで仮面をかぶっているかのようでした。

ただ、正さんを一目見て、「今まで、本当にがんばってきたかたなんだなぁ」ということはわかりました。

「遠いところから来てくださって……。ありがとうございます」

「いいえ、全然。大丈夫です」

ひと言、ふた言、言葉を交わしたあと、

「じゃあ、両方の手を出してください」

私は、正さんの手に触れ、いつものように〝愛のエネルギー体〟を感じようとしました。

ところが、そのとき、正さんに壁を作られてしまったような感じがしたんですね。息子さんのことは、あまり知られたくない、という思いが、正さんにちょっとだけあったのです。

「ご商売、なさってますね」

私がそういうと、一瞬のうちに壁が取れ、正さんは裸一貫で事業を起こしたこと、商売が軌道に乗るまでのいきさつなどを話し始めました。

「私が見る限りでは、お仕事のほう、いい方向に流れていますよ」

「雑誌で先生がおっしゃっていた、**鏡をみがくことと笑顔、天国言葉**を一生懸命やっていたんです。そうしたら、すごく、いいことが起きました」

聞けば、ある大手企業から、「ウチと取引してほしい」という要請が来たとのこと。

「今まで苦労してやってきて、それがやっと認められて、ほんとうによかったと思っているんです。それから、先生に出会えてよかったです」

こんなふうに正さんは一生懸命「よかった話」をしてくれるのですが、私はこのかたが入ってきたときに感じたものがありました。

「ところで、正さんには、息子さんがいらっしゃいますよね」

私がそういった瞬間、また、スッと壁が……。

でも、正さんが隠そうとしても、すでに私は見てしまったのです。息子さんが薬物にからむ事件で逮捕されるシーンを！

だから、私は見て見ぬふりはできませんでした。

「息子さんが生まれて、ご夫婦で、すごく喜ばれているのが私には見えますよ。今も、息子さんが生きているだけでうれしいでしょ？」

すると、正さんは、

「でも、先生……。その息子が、どうしようもないんです。前に万引きで警察に捕まったことがあるんです」

「正さん、あなたは息子さんがまだ万引きをやっているのをご存じですよね」

「えっ、あの……。はい、そうです。でも、もう、絶対やらないって、約束してくれました。自分から、そういったんです。私は息子を信じたいと思います」

「正さんは今『信じたい』とおっしゃったけど、つらそうなお顔をされていますよ。本当はどうしたらいいのか、あなたはご存じなんでしょう」

正さんは、うつむいたまま、コクリとうなずきました。

でも、新たに取引することになった大手企業と正式契約を交わす日を二週間後に控え、「息子のことを世間に知られたくない」という思いが正さんにありました。

「今まで、カミさんと身を粉にして働いて、やっとここまで来たんです。先生、警察に行くのは、契約後じゃダメでしょうか」

「お気持ちはわかります。でも、息子さんね、あなたがその大手企業と契約する前に、警察に捕まっちゃうと思うんです」

私は意を決して、自分に見えたことを伝えました。

「だから、自首したほうがいいと思うんです。自首したほうがいろいろ違ってくるでしょう」

仕事を取るか、息子を取るか

「先生、それだけはできません。やっと、ここまで来たんです。ウチの会社が、これからっていうときに……」

「じゃあ、今日、こうして相談に来られたのはどうしてなんですか?」

正さんは、このままでは、よくないことがわかっているはずです。息子さんのことを愛していらっしゃるから、「なんとか立ち直らせたい」という思いがある。そうでなければ、仕事を休んでまで、ここまでいらっしゃるわけがないのですから。

「息子さんは前にも警察に捕まりましたよね。でも、その後も、あなたの会社は取引先がふえていませんか?」

「そうですけど。でも、前に捕まったときは、取引先に息子のことを話さなかったんです。知っているのかもしれないけれど……」

「もしね、私があなたの取引先で、あなたが正直に話してくれたら、私は息子さんではなく、あなたを気に入って取引しているんだから『関係ないよ』っていうと思いますよ。今度、取引する大手企業も、あなたと取引がしたくて声をかけたと思うんです。

　だから、息子さんが自首したとしても、悪いことにはならないと思いますよ。息子さんといっしょに、警察に行ってあげてください」

「いや、でも……」

　正さんの心は、激しく揺れ動いていました。

「正さんね、あなたのいう通り、息子さんがこのまま真面目になってくれて、警察にも見つからなかったら、ひょっとしたら、このままでもいいのかもしれません。でも、今まで、あなたたちご夫婦は息子さんを立ち直らせようと一生懸命努力してきたけど、結局はダメだったでしょう。警察に見つかって、捕まったんですよね。

　厳しいことをいうようですが、息子さんを更生《こうせい》させるには、きちんと法の裁きを受けるしか方法がないと思います。ですから、息子さんに自首するように、いってください。

　あなたが息子さんを愛する気持ちは、必ず息子さんに伝わりますよ。そうしたら、絶対、息子さんはもうやらないから」

正さんは涙を流しながら、「わかりました」といって帰っていきました。

親の愛は子どもに伝わる

正さんが相談に来られた日の二日後。私がいつものようにカウンセリングをしていると、カウンセリングの予約受付担当のスタッフが涙声で、

「お父さん、本当によくがんばりましたね」

といっているのが聞こえました。

一瞬、「もしかしたら、正さんからの電話？」と思いましたが、カウンセリング中なので、私は心を整え、今、自分の目の前にいるかたのことに専念しました。

そして、仕事が終わってから、例の電話をとったスタッフに「あの電話、なんだったの？」とたずねました。

「先生に伝えてほしいことがある、って。今朝、息子さんと警察に行ってきたそうですよ」

スタッフの話によると、正さんはカウンセリングをしたその日の晩ずっと悩み、

朝まで寝られなかったのだそうです。

「一晩中、『私はあなたを信じているから、大丈夫ですよ』という、先生の声がずっと聞こえていました」

正さんは、スタッフにそういってくださいました。

そして、正さんは、翌朝、まず奥さんに、

「ひょっとしたら、あの子は『親に裏切られた』と思うかもしれないけど、いつか必ずわかってくれるはずだから」

といって説得し、それから息子さんに「警察に行こう」といったそうです。

そのとき、正さんと奥さんは、息子さんを愛していることを伝え、

「お父さんもお母さんも、おまえが更生することを信じて、この家でおまえが帰ってくるのを待ってる」

そういいました。すると、

「息子は涙を流して『ありがとう、警察に行くよ』といってくれたんです。それで、今朝、親子して行ってきました」

正さんは、そういったそうです。

この電話から一週間ぐらいたったころでしたでしょうか。正さんからお手紙が届きました。その手紙には、息子さんを出頭させたあとに起こったことが書いてありました。

警察を出たあと、正さんはその足で取引先を回り、息子さんのことを包み隠さず報告されたそうです。

正さんは「取引先を失ったとしても、また一からやり直せばいいんだ」と覚悟を決めていたそうですが、取引先の反応は意外なものでした。

「まず、今度、契約する予定の大手さんへ行ったら、『息子さんのことは関係ないよ。私は、あんたが気にいったから、取引したいんだ』といわれました。

ほかの取引先にも同じようなことをいわれました。私の手を握って『つらかっただろうね。でも、それだけ、あんたたちが一生懸命やっていたら、お宅の息子さんも大丈夫だよ』といってくれた社長さんもいました」

手紙にはそう書いてありました。

この手紙をもらったあとも、正さんは季節ごとに私にお便りをくださいますが、最近もらった手紙には、こう書いてありました。

「息子から、ちょくちょく『元気でやっている、心配するな』と手紙が来ます。息子は思ったより早く、出所できそうです」

私は改めて、正さんご一家の愛と勇気に頭が下がる思いがしました。

今は息子さんの出所を楽しみに、正さんご夫妻はお仕事に邁進《まいしん》されているとのことです。そして、息子さんの事件の影響を受けることなく、お仕事は大繁盛されていると聞きました。

4 「鏡みがき」で自分を強く責める気持ちが消えて子育てが楽しくなった

シングルマザーとなった自分を責めないで

　ある日、首がすわって間もない赤ちゃんを抱いた、若いお母さんがお見えになりました。名前は仮に幸子《さちこ》さんとしましょう。

　幸子さんは、高校三年生の夏、年上の男性と恋に落ち、赤ちゃんを授かりました。しかし、その男性は幸子さんが妊娠したことを知るや、彼女の前から姿を消しました。

　ことの次第を知った幸子さんのご両親は、彼女に中絶をすすめました。いったんは、ご両親のすすめを受け入れた幸子さんでしたが、産婦人科の待合室でほほえましい母子《おやこ》の姿を見て、

「この子を産んで、育てよう」

と決意しました。

でも、ご両親、特にお父さんは猛反対です。それでも、幸子さんは何度も、何度もお父さんを説得したのですが、

「娘が苦労することを知ってて、それを許す親がどこにいるんだ！　悪い夢でも見たと思って、あきらめろ」

結局、幸子さんは実家を離れ、母方の祖父母の家で面倒を見てもらいながら出産し、赤ちゃんを育てていました。

「おばあちゃんも、おじいちゃんも、お金のことは心配いらないから、この子が幼稚園に入るまで子育てに専念しなさいといってくれているんです。でも、一歳未満の子をあずかってくれるところもあるし、私、働こうと思ってるんです」

明るく、ハキハキとした声で幸子さんはそういいます。でも、私には彼女の笑顔が少し不自然なように感じました。

若くして子どもを産んでしまった自分を責めているのではないか、私には、そんな気がしてなりません。そこで、私は幸子さんにこういいました。

「お父さんからいろいろいわれて、学校の友だちにもあることないこといわれて、つらかったでしょう。でも、**自分を責めないでね**」

するとと、幸子さんは目に涙をいっぱいためてこういいました。

「それは自業自得ですから、しょうがありません。でも、この子に申し訳なくて……」

「幸子さんは優しい人ですね。そういうあなただから、神様は、この子を授けたんだと思いますよ。神はあなたを信じているから、その命をあずけたんです」

「でも、私は若いし、片親だし……」

不安な面持ちで幸子さんがそういったとき、突然、赤ちゃんが楽しそうな笑い声をあげました。

「幸子さん、今、あなたはお子さんから、ものすごく大切なことを教わりましたよ。人は人に伝えなきゃいけないことがあるんだよ、ということを教わったんです」

小さな命の〝しゃべらない教え〟

幸子さんは「えっ？」という顔をして、

「先生、うちの子、まだしゃべれないんですけど……」

「でも、赤ちゃんの〝しゃべらない教え〟というのがあるんです。あなたがこの世に生まれてくるときに神様と交わした約束を思い出してくださいと、この子は教えてくれているんですよ」

ちなみに、〝神様との約束〟とは、目の前にいる人に愛を伝えます、というものです。

いつも笑顔で、自分も周りの人も楽しくて明るい気持ちになれる言葉、天国言葉を口にします、という約束です。

人はみな、神様に「私は愛を伝えます」と約束をしてこの世に生まれてきます。「私は愛を伝えません」という人は、生まれてこられないようになっているのです。

この話を幸子さんにしたあと、私はこういいました。

「赤ちゃんはね、お母さんがどんなに悲しい顔をしていても、赤ちゃんがニコニコ、ニコニコ笑っているときって、『お母さんも笑って』といっているんです。お母さんに、いつも明るく、楽しくいてほしいから笑うんです」

「この子が笑いかけてくれていたのに、私は沈んだ顔をしていました」

「でも、あなたなら大丈夫、〝しゃべらない教え〟に応えられる人だと信じています。

赤ちゃんも、あなたならそれができる人だと思って、あなたを親に選んで生まれてきたんです。今も、あなたを信じて生きているんですから、そんなに自分を責めないでください。あなたが自分を責めていると、この子がいちばん悲しみます」

するると、幸子さんは赤ちゃんにやさしく微笑みながら、こういいました。

「私を親に選んでくれてありがとう。ママは、あなたを悲しませないように頑張《がんば》るからね」

頑張らないで"顔晴って"

私は幸子さんの「頑張る」という言葉が気になって、こういいました。

「幸子さん。私が『がんばる』という言葉を遣うときは、顔が晴れる『顔晴る』なんです。頑固に意地を張る『頑張る』ではなく、晴ればれとした顔の『顔晴る』を私は心がけているんです。自分も周りの人も楽しい気分になれて、すごくいいですよ」

すると、幸子さんはニコッと笑って、

「じゃあ、私も顔が晴れる『顔晴る』をします」

そして私は、もう一つ、幸子さんにお願いしました。

「鏡を大切にしてください。

毎日、『ありがとう』といいながら、鏡をみがいてくださいね。それだけでも、全然、違ってくると思いますよ」

そんな話をしてカウンセリングは終了しました。

それからしばらくして、再び、幸子さん母子がやってきました。そのとき、私はまだほかの人のカウンセリングをしていたのですが、

「うにゃ……、キャハハハハ」

「まぁ、よく笑う赤ちゃんだこと！」

「ウチの子、おしゃべりも上手なんですよ」

幸子さん母子がスタッフと楽しく談笑しているのがわかりました。

そして、幸子さん母子の順番が来て、幸子さんは開口いちばん、

「先生、鏡を大切にしていたら、一つ気づいたことがあるんです」

そうおっしゃいました。

「何に気づかれました？」

私がたずねると、

「毎日、鏡に『ありがとう』っていいながらみがいていたのですが、自分が自分に『ありがとう』っていっているみたいで、なんだかおかしくなって笑っちゃいました。今まで、楽しいことがないと笑えないと思っていたのですが、笑っていたらなんだか楽しい気持ちになってきて、自分でもビックリなんです」

「そうですね。笑顔って、気持ちを明るくしますもんね。

それと、鏡を大切にするというのは、自分を大切にするのと同じなんです」

「それ、なんとなくわかります。鏡をみがきながら、鏡をみがいている自分の姿を見ていたら、不思議と『あっ、今、私、一生懸命生きてる』と思えて、自分がいとおしくなりました。

本当のことをいうと、『自分は若いし、片親だから、申し訳ない』と思っていたころは、子育てがつらかったんです。でも、今は毎日楽しい！　赤ちゃんだから夜泣きもするし、体重もふえてだっこがきつくなってきたんですけど（笑）、『ああ、自分も昔はこうだったんだなぁ』とか、いろいろ気づくことがあって、すごく子育てが楽しいです」

幸子さんがあまりにも楽しそうに話すので、私も楽しくなってしまいました。

そして、カウンセリングが終わりに近づいたとき、

「祖父母がいうには、うちの子、私の小さいころにそっくりなんですって。私はすごくお父さん子だったたんです。たくさん遊んでもらったし、いっぱい愛情をもらいました。それを思ったとき、父親に感謝しました。

だから、今度の日曜日、この子を連れて実家に遊びに行こうと思っています。両親に『ありがとう』を伝えに行ってきます」

幸子さんは私にそういって、笑顔で帰っていきました。

第3章

「仕事」の悩みを解消する天国言葉

職場の人間関係を楽しくさせる魔法

仕事の相談でもっとも多いのが、「職場の人間関係の悩み」です。

ここで、２人しかいない職場を思い浮かべてください。あなたともう一人の同僚だけの職場です。

もう一人の同僚が、あなたに意地悪をしたり、性格が悪かったりしたとしましょう。あなたはどんな対応をしますか？

私だったら、「ありがとう」とか、「感謝してます」とかといった天国言葉を遣《つか》って、自分の機嫌をとります。私が天国言葉をいっている限り、人間関係に問題は生じないことでしょう。

もしここで、あなたが同僚の言葉にカチンときて地獄言葉を遣ったりしたら、ただちに関係が悪化していきます。同じ職場にいることに耐えられず、退職も考えるかもしれませんね。

つまり、相手が何をいっても、自分が天国言葉を貫き通せば、人間関係は悪化しないのです。

職場が大きくなればなるほど、さまざまなグループや集まりができるものです。しかし、どんな大きな職場だろうと、自分が天国言葉をいっている限り、自分の周りには天国言葉をいう人たちしか集まってきません。

また、楽しく仕事ができます。職場は、人生の半分以上の時間を使う貴重な場です。長時間にわたって身を置く場所であるならば、楽しく過ごしたいものです。

また、仕事の別の悩みでは、自分の職業の将来を漠然と心配する人がたくさんいます。

しかし、そんな心配をしても心が暗くなるばかりです。今、自分ができることを考えましょう。

たとえば、あなたがお店の販売員をしているとします。

「お客さんが来ないなあ」と、口にしたり、思ったりしてはいけません。

それだったら、「お客さんが来たら、どんなふうに気持ちよく応対しよう」とか、「こんなことを話して、楽しんでもらおう」とか考えて、自分を楽しませてください。

すると、不思議なことに、お客さんが来て繁盛するお店になっていきます。

しかし、そういう私も、以前は雨の日は苦手でした。

自然現象である雨に、本来はいいも悪いもありません。雨が降らなくては、夏場は水不足になってしまいます。傘やレインコートの製造に携わっている人たちは、どんどん雨が降ってほしいと願っていることでしょう。

そう考えられるようになって、私は雨の日が好きになりました。

そして、雨が降ったら、ぼーっと考えごとができるとか、時間がゆっくり進むとか、静かだとか、雨の日のいいところがよくわかるようになってきたのです。

雨の日の仕事も、なかなか楽しいものですよ。

1 「天国言葉」で職場の人間関係が好転して嫌な人がいなくなった

他人の心は自分の心を映す鏡

「嫌な人がいるので、会社を辞めようか、どうしようか悩んでいます」

そういって私のカウンセリング・ルームにやって来たのが、ＯＬの聡子《さとこ》さんです。

聡子さんがいう〝嫌な人〟とは、同じ課に所属する同期の女性のことです。

「その人は、いつも私に嫌みばかりいうんです。私、その人にいじわるをしたことはないんですよ。なのに、嫌みばかりいうから、私、もう頭にきちゃって、なるべく口をきかないようにしていたんです。

でも、そうしていたら仕事にも差し障りが出てくるし、上司にも『仕事はチームワークなんだぞ』って注意されるし。だから、会社を辞めようかなと」

聡子さんはそういいます。

でも、私が見たところ、聡子さんは必ずしも被害者ではありませんでした。

以前、聡子さんが親切心でいった言葉が、聡子さんいわく〝嫌な人〟の心を傷つけたことがあったのです。以来、その人は聡子さんに嫌みばかりをいう〝嫌な人〟になってしまった、というわけです。

私は聡子さんにいいました。

「あのね、会社を辞めるのはあなたの自由だけど、ほかの会社に行っても〝嫌な人〟がいると思いますよ」

「えー、じゃあ、私、どうしたらいいんですか？」

「会社を辞めるのはいいけれど、その前に、

『あの〝嫌な人〟を許します』

といってみてください。それと、その〝嫌な人〟に面と向かって、

『感謝します』

と、いってみてください。思っていなくてもいいから、いってください」

聡子さんは「納得できない」といいたげな顔で、

「できません、絶対に無理！　第一、なんで私が、そんなことをしなきゃいけないんですか？」

そういいました。

「聡子さんね、人は出したものが帰ってくるんですよ。あなたがその人を『許さない』と思っている限り、その人もあなたに対して『許さない』と思うんです」

私がそういっても、聡子さんは首をタテにふってはくれませんでした。そこで、私はこういいました。

「聡子さん、その人はね、あなたが生まれてくる前に、『自分のために嫌みをいう役を引き受けてください』と頼んだ人かもしれませんよ」

嫌な人こそ魂を向上させてくれる

人間は、生まれてくる前、魂《たましい》の状態のときに自分がどういう人生を送るか、大雑把《おおざっぱ》なシナリオを書いて、それから生まれてきます。

そのシナリオには、自分の魂を向上させるための試練を書きます。このときに、こういう嫌な人が現れる、こういう困ったことが起きる、といったことを書くのです。

そして、そのシナリオができたとき、周りにいる魂たちにこういいます。

「だれか、私のために嫌なことをしてくれる人、いない？」

そのとき、本当は、みんな人に嫌われることをしたくないのですが、

「あなたの向上のためなら、私がやります」

そういって、その嫌な役を引き受けてくださる魂がいるのです。

「その魂が、あの〝嫌な人〟なんですか？」

聡子さんの問いに私は、

「そうです。自分は嫌われても、あなたの魂の向上のためになると、嫌みをいってくださっているんです。だから、『打ち合わせ通りにやってくれてありがとう』って、感謝すべきだと思いますよ」

「…………」

聡子さんは、黙ったまま、私の話を聞いていました。

「聡子さん、今は感謝できなくても別にいいですよ。あなたが亡くなったときにはシナリオを書いたころのことを思い出して、その人に『ちゃんとやってくれて、ありがとう』って感謝できますから。

でもね、いちばんいいのは、生きている今、感謝することだと、私は思いますよ。そのほうが、これからの人生、楽しく進めますから」

「先生、私にできるでしょうか」

「私はあなたを信じます。感謝を伝えられる人だと信じています。もしね、『許します』といってみて、それでも相手を許せなかったら、『許せない自分を許します』という言葉を口にしてみてください。そうすると、『許せない』と思っていた心がふぁっと開いて、その人を許せるようになりますよ」

職場の嫌な空気は体に溜まる

カウンセリングを終えた帰り道、聡子さんはずっと、

「自分を許します。あの人も許します」

と、いい続けたそうです。

それでも、会社で〝嫌な人〟が自分の目の前に現れると、「許せない」と思ってしまい、「感謝します」ということができない日々がしばらく続きました。

「でも、そういうときは『許せない自分を許します』『感謝を伝えられなかった自分を許します』といって過ごしていました」

聡子さんは、そういっていました。

ところが、ある日のこと。会社でエレベータに乗ろうとしたら、中に例の〝嫌な人〟が乗っていたそうです。

「いつもならその人を避けて別のエレベータを使うのですが、思い切って乗りました。

エレベータの中は私とその人と二人きりでした。私は、今がチャンスと思い、いいました。

『お疲れ、感謝してます』

すると、相手はビックリした顔をしながらも、

『えっ、あぁ、どうも。お疲れ』

と応《こた》えてくれました」

これで自信がついたのか、以来、聡子さんは、その人に、ことあるごとに「感謝します」といい続けました。そしたら、いつの間にか、その人は嫌みをいわなくなっ

ていたのだそうです。

「口をきかなかったころの職場は、なんとなく嫌な空気が漂っていましたが、今はすごく明るい雰囲気《ふんいき》になりましたよ、先生」

そう語る聡子さんに、私はこういいました。

「職場に嫌な空気が漂っていたときは、なんとなく体も重かったでしょ？　それは、その嫌な気が体に溜《た》まるからなんです。

でも、『感謝してます』とか、いい言葉をいっていると、その空気がきれいになって、すごくいいんですよ。これからも、いい言葉を発するようにしてくださいね」

「はい！」

聡子さんは明るい笑顔で帰っていきました。

2 全従業員への感謝の手紙で社員の気持ちが一つになり倒産の危機を回避

行き詰まった会社経営

年明け早々、中年男性、俊夫《としお》さんがお見えになりました。

俊夫さんは会社を経営されているのですが、

「私の会社、もう無理かもしれません。倒産しそうです」

と、いいます。

私は俊夫さんの手に触れ、カウンセリングを始めました。

経営の立て直しはかなり難しいことがわかりましたが、私には何かできることがあるように感じられました。

「先生、やっぱりダメですよね」

俊夫さんははなっから「もうダメだ。無理だ」と思い込んでいました。今まで銀行に融資をお願いしたり、取引先に支払いを待ってもらったり、「いろいろ、努力

しました」というのですが、私にはそれ以外の肝心なことをされていないのがわかり、

「『無理だ』とか、『もうダメだ』とか決めつけないで、今、俊夫さんができることをやりましょう」

と、いいました。

そして、俊夫さんの会社のお給料日が近いうちにやってくると感じたので、次のことを聞いてみました

「従業員へのお給料は、現金で手渡しされているのですか？」

「いいえ、振込です。ただ、明細は渡しています」

「だれが渡していらっしゃるんですか？」

「私です」

「では、従業員一人ひとりに、

『あなたがいてくれることに感謝します』

と、ご自分で一筆ずつ紙に書いて、それを明細といっしょに封筒に入れて渡してくださいませんか？」

そういうと、俊夫さんは首をヨコにふり、

「ウチ、従業員がいっぱいいるんで、一筆ずつは無理です。コピーでいいですか?」

と、いいました。

私には俊夫さんが会社を休んでゴルフを楽しんでいる様子が感じられたので、無理ではないことがわかっていました。

だから、私はこういいました。

「前に、従業員六〇名の会社の社長さんがいらして、そのかたにも同じことをお話ししたんです。あとで、そのかたからお手紙をいただいたのですが、『やってよかった』と書いてありましたよ。

ところで、あなたの会社には、従業員何名いらっしゃるんです?」

すると、俊夫さんは、

「四十数名です……。先生、それをやったら、どうにかなるんでしょうか」

「あなたが毎月お給料を支払っているだけでも、がんばっていると思います。支払いが滞《とどこお》らないように、あなたが一生懸命やっている姿もわかりますから。

でも、今、あなたにできることは従業員に感謝を伝えることだと思うので、やってみてくださいね。先を心配するより、今、目の前のことに感謝しましょう」

そういう話をして、俊夫さんのカウンセリングは終わりました。

手紙を書くことで社員の気持ちを知る

それからしばらくたって、俊夫さんが再びやってきました。

「先生、今日は相談じゃありませんよ。ご報告に来ました。どうにかなる、ならないは考えずに、とにかく『今、できることをやろう』と思ってやりました」

ニコニコしながら話す俊夫さんを見て、私はうれしくなりました。

聞けば、俊夫さんは帰ってから、従業員一人ひとりに例のメッセージを書き始めたそうです。

「ある従業員へのメッセージを書いたときに、『あれっ』と思ったんですよ」

俊夫さんの会社は、外国人のかたを数名雇用しています。外国人のかたは、ある程度日本語で会話ができるのですが、文章を読んでその内容を理解することができません。

そこで、俊夫さんはその国の言葉を調べることにしました。今まで引いたことのない辞書を使ったり、いろんな人に「これ、なんていうの？」と聞いたりして、一筆ずつ、一文字一文字書いたそうです。

「そのとき、初めて気づいたんです。この人たちは、言葉もよくわからないのに、この国に来て、ウチの会社で一生懸命働いて、すごいなぁーって。

私なんて、一文字書くだけでも、ものすごく時間がかかってね。最初は『大変だな』と思ったのですが、よくよく考えると、外国から来た従業員が努力してきたことと比べれば、なんてことはないんですよね。

こっちは『あなたがいてくれることに感謝します』という一筆を書くだけで済むけれど、向こうは日本語の会話を覚えて、日本の職場環境とか、仕事のやり方に合わせなきゃいけないわけでしょう。

そういう大変な努力を何年もやって、ウチの会社のために顔晴《がんば》ってやってくれて、ありがとう、と思ったら、涙が出ちゃいました」

俊夫さんは、そうおっしゃいました。

そして、従業員への感謝の手紙をすべて書き終えたとき、さわやかな気分になり、こう思ったのだそうです。

「今まで、この人たちにお給料を支払えたことが素晴らしい。でも、自分は社長なんだから、支払うのは当たり前だよな。

今まで、『給料を払ってやっているんだから、ちゃんと働け』って思っていたけれど、そうじゃない。みんなが一生懸命働いてくれていたから、自分は給料を払うことができたんだ」

俊夫さんは感激して、従業員に手紙と明細が入った封筒を渡す際も、涙が止まらなかったそうです。

「先生、話はここからなんですよ！」

聞くと、従業員のみなさんは、涙を流して「ありがとう」といいながら、封筒を手渡す俊夫さんを見て、あぜんとしていたそうです。

「いつも、怒鳴ってばかりいましたからね。しかも、封筒の中には『あなたがいてくれることに感謝します』って書いた紙があるでしょう。だから、従業員たちは『ひょっとしたら、ウチの会社、終わりなんじゃないか』と思ったらしいんですよ（笑）。そうしたら、『自分たちがなんとかしないといけない』と考えて、今まで以上に顔晴ってくれたんです」

従業員のかたたちは話し合って、「外部の人が来たら感じのいい応対をしよう」とか、「笑顔で明るい言葉を口にして職場の雰囲気を明るくしよう」「製造部門の人間も営業の人を補佐しよう」などと決め、それを実践されたのだそうです。

「みんなのおかげで、ウチの会社は持ち直しました。これからは第二の創業のつもりで、みんなの幸せのために、自分ができることをやり続けます。

先生、ほんとうにありがとうございました」

俊夫さんは晴れやかな笑顔でそういって、帰っていきました。

3 笑顔と信じる心が父子の対立で危うくなっていた家業の存続を救った

親の背を見て子は育つ

ある日、仲のよさそうなご夫婦、徹《とおる》さんと美恵子《みえこ》さんが、私のカウンセリング・ルームへお越しになりました。

「先生、今日、予約を入れているのはうちの主人なんです。主人をよろしくお願いします」

「わかりました。では、徹さん、どうぞ」

徹さんの相談はご商売のことでした。おじいさんの代から商店をなさっていて、徹さんは「じいさんが苦労してつくった店だから」と、一生懸命店を守っていました。

そんな徹さんが、

「もう、自分の代で終わりにしようか、どうしようか悩んでいるんです」

とおっしゃいます。

それを聞いて、私は「えっ、どうして?」と思ってしまいました。徹さんには、ちゃんと後継ぎがいるからです。

「ご長男といっしょに、ご商売されているのではないのですか?」

「えぇ、まぁ……。ウチは田舎町の小さな店なのですが、町の人口がへるは、大きなショッピングセンターができるはで、だんだん、売上げがへっているんです。それでも、ごひいきにしてくれるお客さんがまだけっこういるので、私が元気なうちは商売を続けようと思ってやってきたのですが、寄る年波には勝てなくて。そろそろ潮時かなぁ、という気がするんです」

徹さんはそういうものの、心の中には「店を続けたい」という思いがあると、私は感じました。

ただ、その一方で、徹さんは「自分の代で終わりだ」と、ずっと思っています。

実際は、息子さんが後を継いでいるはずなのに……。

「息子さんはあなたと似ているところがありますね」

「ええ、似ているからこそ、ケンカが絶えないんです」

んですよ」

「でもね、息子さんは、あなたに憧《あこが》れていて、あなたを目標としてがんばっている

そういうと、徹さんは「信じられない」という顔をして、

「うちの息子が？　そんなわけがないでしょう、口を開けば『親父の考え方は古い』だのなんだのって。自分は半人前のくせに」

と、いいました。

徹さんは息子さんのことを「半人前」といいますが、私にはそうは思えませんでした。息子さんは徹さんの仕事ぶりを見て学び、ほかからもいい情報を集めていろんなアイディアを出すのですが、徹さんが頭ごなしに「そんなのダメだ！」とはねつけてしまう様子が感じられたのです。

そこで、私は徹さんにいいました。

「息子さんは、あなたが今までお客様を大切にし、お店を大切にしてきたのを見て育ったんです。そして、息子さんはそういうあなたを尊敬し、自分もそうなろうと努力しているんです。

だから、心配するより、息子さんを信じてさしあげると、うまくいくと思います

よ。

『自分と似ているからケンカになる』と思うのではなく、

『**自分の息子だから大丈夫だ。信じてるよ**』

と、息子さんにいってあげてください。そうすると、息子さんとの関係もそうですけど、お店のほうもよくなりますから」

幸せが、幸せ集めて、幸せになる

そうしてカウンセリングが終わり、その翌日。ウチのスタッフから、美恵子さんからお電話をいただいたことを聞きました。

「『今、先生はカウンセリング中ですので、電話には出られないんです』といったら、

『じゃあ、先生に伝えてください』って……」

スタッフが美恵子さんから聞いた話では、徹さんは帰る途中「幸せだね」としかいわなかったのだそうです。

「家に着いてからもずっと、何を見ても、何をやっても、『幸せだ』『幸せだ』だし、

息子には『信じてるよ』というし、まるで人が変ってしまいました」

そう、美恵子さんは、うれしそうにおっしゃっていたそうです。

この電話から一週間後、美恵子さんから予約が入りました。そして、美恵子さんのカウンセリング当日。

その日、美恵子さんが幸せをいっぱい感じていることが、私には伝わりました。

「今まで、主人と息子は顔を合わせるたびに、いさかいばかりしていました。わが家の空気はいつも重苦しく、笑顔というものがなかったのです。でも、今は違います。

家族全員、いつも笑っているんです。

最近、おもしろかったのは、主人が押し入れの戸に指をはさんでしまったことでした。

主人が『痛いっ、幸せだなぁー』というので、息子が、その理由をたずねたら、『痛いのは生きている証拠だから、幸せ』

すると、それを聞いた息子は、

『こんなに幸せな人の息子に生まれて、俺も幸せ』

私は私で、

『こんなお父さんと、息子がいて、私も幸せ』

そういって、三人で笑ってしまいました」

今では、店の雰囲気も以前の数倍も明るくなり、売上げも少しずつふえてきているそうです。

第4章

「恋愛」は明るく、楽しくが基本

相手を変えず、自分を変える

恋愛の相談で多いのは、「相手を信じられない」というものです。

そもそも無理をしてまで、相手を信じなければならないという必要はないはずです。もし相手を信じる努力をしても、やっぱり信じられないのであれば、いっしょにいる必要はありません。

私は、自分自身を信じています。そんな自分が好きになった人だったら、間違いはありません。信じるとか、信じないとか、私は考えたことがないのです。つまり、自分を強く信じていれば、悪い相手につかまったりすることはないのです。

自分の理想を相手に押しつけ、こうなってほしい、ああなってほしいと願うから、相手を信じられなくなって悪いことは起こるのです。

恋愛に限らず、相手を変えようとは、決して思わないでください。そう思った瞬間に、自分が苦しくなります。

相手は変えられません。自分しか変われないのです。

こうお話しすると、自分自身が変わることこそが難しいという人もいるかもしれません。しかし、そんなことはありません。

自分を変えるためにも、第1章にある三つの「幸せみがきの法則」を実行してください。考え方をすぐに変えるのは難しいかもしれませんが、「幸せみがきの法則」を実行することで、徐々に変化が現れます。

自分が変われば、ものの見方が変わります。そして、それを見ている相手だって変化する。そうなれば、二人は一歩先の世界に行くことができます。

恋愛とは、本来、相手の幸せを願う行為のはずです。

相手に幸せになってほしい、楽しい毎日を送ってほしい、健康でいてほしい、と願うのが究極の恋愛ではないでしょうか。

そんないい恋愛をしていると、毎日が輝き出します。周囲の人に対して思いやりを持て、優しくなれます。

恋をする対象が、たとえ芸能人であっても、自分の子どもであっても、ペットであっても、物に対してであっても、愛や恋の感情は人生を豊かにしてくれます。

幸せはあなたの隣にある

122ページの体験談にもありますが、「だめな彼氏と別れられない」と相談を受けることもあります。

恋人が「だめ」といっているからには、ほんとうにだめなのでしょう。私はすぐに、「あなたがもっと幸せになれる方法を教えるから別れなさい」とアドバイスをします。

しかし、「別れられない」、つまり「別れたい」という相談に来ているはずなのに、このような相談者は、どうして別れられないかという理由を長々と話します。

こうした相談者に共通しているのは、「だめな彼氏」というくせに、自分にとって何か得をするものがちゃっかりあるのです。

その彼氏以上にいい恋人ができれば、必ず別れるはずです。けれど、少しの得にこだわっているから、いい出会いに恵まれない。いい出会いがないから、だめな彼氏に執着する、という悪循環にはまっているのです。

しかし、こういう人は、たとえそのだめな彼氏と別れても、次にはまた同じレベルの男性が出てくるだけです。

だめな彼氏と別れ、自分がその低いレベルに執着していたと気づいて、初めて魂《たましい》が向上します。そうすれば、自然と次のいい出会いに恵まれるはずなのです。

これは恋愛に限らず、結婚も同じです。

「離婚したい」といいながら、ご主人の文句ばっかりいっている人がよくいます。しかし、こういう人も文句をいっても別れないのは、何か自分が得をすることがあるのです。

自分が働かなくても給料を持ってきてくれるとか、ある程度の生活を保障してくれるとかといったところでしょうか。

文句ばかりいっていて、相手から好意だけをもらおうなどという関係はありません。自分が感謝してこそ、相手からの感謝をもらえるのです。

恋愛は、明るく、楽しくが基本です。明るく、楽しく恋愛をするためには、幸せを、何か特別な大きなものだと思ってはいけません。特別な大きなものだと思っているから、幸せを探してしまうのです。

『青い鳥』の物語ではないけれど、幸せは今ここにあるものです。あなたの隣にある小さなものなのです。そのことに、ぜひ気づいてください。小さな幸せを一つひとつ気づくことが大切なのです。

たとえば、道ばたに咲く小さな花を見て「きれいだなあ」と思い、その美しさに気づく自分を幸せだとかみしめることです。

そんな小さな幸せに気づけば、それよりももう少し大きな幸せが来たときに、その幸せに気づけるようになります。今までよりも、その幸せの意味に感謝できるようになります。

幸せを特別な大きなものだと思っていると、今ある幸せを逃してしまいます。小さな幸せに気づかずにいれば、大きな幸せが来ても、その幸せの意味がわかりません。もっと大きな幸せが来るのではないかと思い、幸せを感じられなくなってしまいます。

今ここにいる自分、そして周囲の人々に感謝をしてください。そのことが、あなたの恋愛をより豊かにしてくれます。

1 光るメイクとアクセサリーでだめ彼と別れられいい出会いに恵まれた

だめな彼と別れられない

二年半前から私のカウンセリングを受けに来ている、みどりさんという女の子がいます。みどりさんは向上心があり、仕事も一生懸命する真面目な女性です。

そんな彼女の悩みは、つき合っている彼のことでした。

「彼には、真面目に働こうという気が全然ないんです。一応、就職するのですが、『会社があぁで、こうで』と愚痴《ぐち》ばっかりいうし。愚痴だけならいいんですけど、上司とケンカをして、すぐ辞めてしまうんです」

みどりさんは、私にそういいました。

お互い何かにひかれてつき合い始めたとはいえ、みどりさんと彼の性格は水と油です。また、みどりさんがいつもデート代すべてを払っていることや、彼が自分の遊びに遣《つか》うお金を貸してあげていることが私にはわかっていました。

だから、私は最初からみどりさんに、このようにアドバイスしていました。

「その彼とは、別れたほうがいいと思いますよ」

でも、みどりさんは、

「彼にもいいところはあるんです。優しい人なんです」

そういいます。

「でも、そうはいっても、いつもケンカになっちゃうでしょ」

「はい……」

「争いごとは、いちばんよくないよ。だから、別れたほうがいいと思う」

そういう話をすると、みどりさんは、

「わかりました。彼と別れます」

というのですが、またカウンセリングを受けに来て、

「先生、やっぱりだめだった。彼と別れられない……」

別れられない理由は、彼にこういわれたのです。

「自分は絶対変わるから、別れないでくれ」

そのことをみどりさんにいうと、

「わぁー当たってる。なんでわかっちゃったんだろう!!」

「みどりさん、自分が楽しいと思えるおつき合いをしたほうがいいと思うよ。どうせ修行するなら、この人と楽しくしたいと思える相手とね」

「修行って、なんの？」

「あなたが幸せになるための〝魂の修行〟。簡単にいうとね、あなたが精神的に豊かになって、幸せになるための修行なの」

「今の彼といっしょにその修行をしないほうがいいってことだよね。そうだよね、別れたほうがいいよね。自分でもわかってはいるんだけど……」

みどりさんは、そういいながらも、ずっとその彼とつき合っていました。

ところが、彼とつき合って二年の月日が流れたころ、みどりさんがカウンセリングを受けに来たときのことです。

みどりさんの顔を見たとき、私は上からこの言葉が降りてくるのを感じました。

「まず、自分が光り輝きなさい」

そこで、私はみどりさんにその言葉を伝え、こんなアドバイスをしました。

「みどりさん、顔にオイルをつけてツヤツヤにするといいですよ。それから、華やかな色の洋服をきて、キラキラ光るアクセサリーをつけてください。そうすると、あなたが光り輝きますから」

「先生、私が光り輝くと、どうなるんです？」

みどりさんの質問に、私はこう応《こた》えました。

「あなたが光になるとね、周りの闇《やみ》はそれにつられてなくなります」

自分一人でもすっごく幸せ！

みどりさんは、彼との仲がうまくいかないということでカウンセリングに来ていたのですが、実はうまくいっていないのは恋愛だけではなかったのです。

彼が仕事をしないから、彼とケンカをする。ケンカをして嫌な気分になって、その気分を引きずって会社に行くから、みどりさんは職場でおもしろくない顔をして働きます。

上司というものは、基本的に部下がおもしろくない顔をして働いているのを「おもしろくない」と思いますから、みどりさんは上司にしかられてしまいます。そうすると、仕事もうまくいかない、同僚とも気まずくなる……、すべてうまくいかなくなるのです。

「みどりさん、最近、疲れるでしょ？　それは、恋愛に引きずられてそうなっているの。あなたの悩みはね、ブラックホールみたいなものなんです。ブラックホールは周りをどんどん闇の中に引っ張っていくんだけど、でも、あなたが闇に引っ張られるのではなく、自分が光ることで周りの闇をなくすことができますよ」

そういうと、みどりさんは、

「わかりました。私、光になります。それから、今度という今度は、彼と別れます」

といって帰っていきました。

それからしばらくたって、また、みどりさんがやってきました。今度は、キラキラ輝きながら……。

「みどりさん、きれいになったね」

私がそういうと、彼女は楽しそうにこういいました。

「先生、私、気づいたんです」

「何に気づいたの？」

「私、彼がいなくなったら、幸せになれないんじゃないかと、心のどこかで思っていた。でも、それは違った。彼がいなくてもすっごい、幸せなんです！

ほかにも、幸せなこと、たくさん、たくさん気づきました」

「そうでしょ」

「お金だって、残るし」

「そうだよね。人生、お金だけが幸せではないけれど、お金がないと、どうしたって不平不満を感じて、それがどこかに出てきちゃうものだから。

でも、そうやって幸せに気づいて、一つずつ集めていくと、もっと、もっと幸せになれますよ。

『今、幸せ』

といっていると、幸せは、どんどん、どんどん引き寄せられるものだから」

「先生のいうこと、私、わかります。彼と別れて『ああ、幸せ』といっていたら、毎日、会社に行くのが楽しくなったんです」

そういう話をして、その日のカウンセリングは終了しました。

それからほどなく、みどりさんに新しいボーイフレンドができました。

「まだ、つき合っているわけではないのですが、彼といっしょにお食事に行ったり、映画を観に行ったりしているんです」

といって、みどりさんはそのボーイフレンドを私に紹介してくれたのですが、見るからに働き者で、優しそうな男性でした。

2 結婚をあせる気持ちが「天国言葉」で解消してすてきな人と結婚できた

あせる気持ちが出会いを遠ざける

「もう、年だから結婚したいんですけど……」

そういって、三十代半ばの独身男性、康夫《やすお》さんがカウンセリングを受けにいらっしゃいました。

康夫さんは、身なりもピシッとして、いかにもエリートサラリーマンという感じのかたです。ですが、なぜか、いいお相手が見つかりません。

「今までに、何度か見合いもしたのですが、どうもうまくいかなくて……。どうしてなんでしょう」

そう語る康夫さんに、私はこういいました。

「結婚をあせることはないですよ」

「先生、そういわれても……。会社の同期で結婚していないのは、私だけなんです。

母も、近所の人から『まだお嫁さん、来ないの？』といわれて肩身の狭い思いをしているようですし」

「じゃあね、今度お母さんに、そういうことをいわれたら、こういってあげてください。『ありがとう』って。『でも、自分はお母さんの子どもだから、心配しなくていいよ』って」

「先生、しつこいようですが、私、結婚したいんですよ。もう、年ですし」

「康夫さん、本当に心配しなくていいんですよ。人間の想念って、おもしろいんです。

『もう年だから』とあせって結婚しようとすると、その想念が『もう年だから』っていう女性を引き寄せてくるんです。世間体を気にして結婚を望むと、その想念が世間体ばかり気にする人を引き寄せて、そういう女性と結婚するようになっているんです」

私がそういうと、康夫さんは、

「ちょっと待ってください。そういう女性は困ります。私、そういう人とは結婚したくありませんから」

「でしたら、あせらないでください」

最高のパートナーを探すコツ

康夫さんは納得した様子で、「わかりました」と。

「ところで、先生、私は幸せな結婚をしたいのですが、そのためにはどうしたらいいでしょう」

私は康夫さんの質問に対して、こういいました。

「まず、今、あなたが幸せになることです。**天国言葉をいってください。今、この状況が『幸せだ』と。**

そうすると『今、幸せだ』と気づいて、周りのものに感謝でき、もっと幸せになれます。そうすると、『今、幸せ』と思っているような相手が自分の目の前に現れて、幸せな夫婦生活を送れます。

どうせ修行するなら、楽しくて幸せな人としたいですよね」

「修行？　なんですか、それ」

「魂《たましい》的に向上して、幸せになるための修行です」

人はみな、幸せになるための修行をしにこの世に生まれてきています。その修行にはいろいろありますが、たいていは人間関係を学ぶ修行です。

人間関係の何を学ぶのかというと、

「人は人を変えられない」

ということです。

それに気づいて相手に、

「あなたは、そのままでいいんだよ」

といえたとき、人間の魂は一つ向上し、さらに幸せになります。

その最大の修行は親子関係なのですが、その次に難しい修行が夫婦関係なのです。

男女が出会い、ビビッときた瞬間、恋に落ちて結婚します。ところが夫婦になると、相手は必ず自分が嫌がることをするのです。

たとえば奥さんが「ゴロゴロしてほしくない」と思っていたら、ダンナさんはたいていゴロゴロします。いくら奥さんが「ゴロゴロしないで！」と怒っても、ダンナさんはゴロゴロをやめられません。そうすると、当然、夫婦ゲンカになります。

でも、「ゴロゴロばかりするダンナを、絶対に許さない！」という気持ちをふわっとゆるめ、「このままのこの人を認めてあげよう」と思うようになったとき、その夫婦はケンカをしなくなります。

そうやって人は「人を愛する」ということを学び、幸せになるのです。

康夫さんにもこの話をし、そして最後に、私はこういいました。

「こういう修行をするのなら、楽しく修行したほうがいいと思うんです。あなたが『この人とだったら、修行をしたい』と思う人と結婚されると、きっと楽しく修行できると思いますよ」

さて、気になるのは康夫さんの〝その後〟ですよね。

康夫さんは、カウンセリングの翌日から「幸せ」に気づき、今あることに感謝するようにしました。そして、その半年後にすてきな女性と出会い、一年後、めでたく結婚されたそうです。

康夫さんからいただいたお手紙には、こんなことが書いてありました

「私は最高の修行相手を見つけました。妻も私に『あなたも最高にいい修行相手よ

（笑）』といってくれています。これからも、私たちは楽しく修行していきます」

第5章

「病気」を遠ざけて治す幸せみがきの法則

いい考え方が病気を遠ざけて治す

先日、雨の日に、ある年輩のご夫婦がカウンセリングにやってこられました。ご主人は杖《つえ》をつき、あまり体調もよくないようです。ほほえみを絶やさないすてきな奥様に付き添われるかたちで、私のカウンセリング・ルームに入ってこられました。

ご主人は何か病気なのかなあと思った瞬間、私にはわかりました。

「あっ、ご主人は白血病《はっけつびょう》なんだ……」

ご主人と向き合うと、ご自宅がきれいに掃除されている様子が、私の頭に浮かびました。私の記事が載っている月刊誌『ゆほびか』も、その風景の中に見えたのです。

「おうちをきれいにされていますね。奥様に『がんばったね』といってあげてください」

と、私は話しました。すると、ご主人が口を開きました。

「私は末期の白血病なんです……。医者からは余命3カ月といわれています」

そして、訥々《とつとつ》とした口調で話し始めました。

「私に残された時間はあまりありません。自分には今から何ができるだろうと考えました。そんなとき、妻が『ゆほびか』を持ってきてくれました。

高津先生の書いた文章に、妻はとても救われたといいます。

今、妻や子どもたちに対して、私に何ができるでしょうか？

高津先生にそのことを聞いてみたいと思って、今日、無理をしてここまでうかがいました」

私は、涙が止まらなくなりました。会いにきてくださったことに感謝し、泣きながら、

「大丈夫ですよ」

といっていると、カウンセリングの最後に上からある言葉が降りてきました。

「おそれないでください。ただ、おそれないでください……」

「……高津先生のお言葉を聞いて、私はとても安心しました」

私は泣きながら、それしかいえませんでした。ただ、安心されて帰られたこ

とが、私にとっても救いでした。

3カ月の余命と話されていましたが、精神的に落ち着けば、あのかたはもっと長く生きられるのではないかと思いました。また、もっと長く生きていただきたいと願いました。

白血病に限らず、病気とは自分の内側から出てくるものです。外部から植えつけられたという病気はありません。自分の内側から出てきたものなのだから、ほんとうは自分の自然治癒力《しぜんちゆりょく》（体に本来備わっている病気を回復させる力）で治すものなのです。

病気を治すためには何をしたらいいのか？

いちばんは、考え方を変えることです。しかし、考え方は急に変えられません。そのため、第1章に出てくる「幸せみがきの法則」を実践することが大事なのです。

病気とは、自分の悪い面が出たという考え方があります。

鏡をみがいたり、天国言葉を遣《つか》ったり、ハートをみがいたりすると、自分の体内がいいもので満たされてきます。すると、自然治癒力が高まり、悪いものは居心地が悪くなって、体の中から退散していきます。

自分の具体的な行動を変えることによって、少しずつ内面も変わっていくのです。

もちろん、病気になる前に「幸せみがきの法則」を実践することがほんとうは重要です。3つの法則は、病気を防ぐ法則としてもとても役に立ちます。

「幸せみがきの法則」を実行し、大切なものに気づくようになれば、心が変わり、そして体も健康になっていきます。

ぜひ「幸せみがきの法則」を実践してくださいね。

1 病気の原因は悪霊にあるという思い込みが解消されて病気も治った

悪霊が病気の原因？

みなさんの中には、「悪い霊《れい》が取りついているせいで、不幸なことが起きた」と考えているかたが、ひょっとするといらっしゃるかもしれません。

私のカウンセリング・ルームにも、そういうことを心配されてカウンセリングを受けに来られるかたがいらっしゃいます。でも、私が見た限りでは、「悪い霊がついているから不幸が起きた」という例は一つもありません。

次にご紹介する香里《かおり》さんの場合も、そうでした。

香里さんは、私が本格的にスピリチュアル・カウンセラーとして活動を始めたころに出会ったかたです。

香里さんは十数年ほど前にある精神的な病気にかかり、入退院をくり返していました。カウンセリングを受けに来たときも入院中で、「今日は兄の結婚式があるということにして、主治医から外泊許可をもらい、ここに来ました」とのことでした。

香里さんは小さいときから霊感が強く、自分を怒鳴りつけたり、悪口・文句をいったりする霊がいることが気になって、カウンセリングを受けに来たのです。

「先生、私には何か悪い霊がつきまとっているんじゃないでしょうか？　私の病気は、それが原因じゃないでしょうか？」

という香里さんに、私はこういいました。

「悪い霊はついていませんよ。ただね、あなた、ふだん、よくない言葉を発していませんか？」

香里さんが病院の看護師さんに文句をいったり、同じ病室の人の悪口をいったり、お見舞いに来たご主人に「バカッ！」と怒鳴りつけたりしている様子が、私には感じられたからです。

そして私は、続けてこういいました。

「香里さん、私はね、いつも『天国言葉』（詳細は35ページ参照）をいうことに決めているんです。天国言葉というのは、ツイてる、うれしい、楽しい、感謝してます、幸せ！　ありがとう、許します……。

この天国言葉をいっていると、また天国言葉をいいたくなってしまうような、いいことが現実に起きるんですよ」

香里さんはけげんな顔をして、

「へぇー、そうなんですか。で、よくない言葉っていうのは？」

「たとえばね、不平不満をいうと、もう一度、不平不満をいいたくなってしまうようなことが現実に起きるんです。そういうのを『地獄言葉』っていうの。地獄言葉には、不平不満のほかに、ついてない、愚痴《ぐち》、泣き言、悪口、文句、心配事、それから、許せない」

「文句をいっていると、もう一度、文句をいいたくなってしまうようなことが起きるし、『許せない』といっていると、また『許せない』といいたくなることが起きるんですか？」

「そうです。だから、**天国言葉をたくさん口にするといいですよ**。それとね、香里さんに聞こえる嫌な言葉というのは、やまびこみたいなものなんです」

山や谷で「ヤッホー」というと、向こうから「ヤッホー」と言葉が返ってきますよね。香里さんの悩みも、自分が発していた地獄言葉の〝こだま〟のようなものだったのです。

私は、香里さんにそういう話をして、

「だから、天国言葉をいうと、すごくいいですよ」

と、いいました。

あたたかな光に包まれる

「先生、すみません、もう一度、天国言葉をいってもらえますか。メモしますから」

香里さんはそういうと、バッグの中からシステム手帳を取り出し、復唱しながら、丁寧《ていねい》な文字で天国言葉を書いていました。

その間、私は静かに香里さんの幸せを念じていました。すると、

「あっ」

突然、香里さんが声をあげました。

「どうかされました？」

「小さいとき、私が幸せしか感じていなかったときに体験したのと、同じことが起

きました。あれは夢だったのかな……。小さかったからよく覚えていないのですが、光が降りてきて、その光にふわっと包まれると、すごくあったかくて、気持ちがいいんです。今も、それと同じようなことが起きました」

「その光は、あなたをずっと見守り、あなたに愛のメッセージを送ってくれている霊的な存在です。地獄言葉を話しているとその光を感じなくなるし、メッセージも聞こえなくなってしまうんだけど、その間もずっと、あなたを見守っていてくれていたんですよ」

「そうだったんですか！　そうとは知らずに、悪い霊がついてると思い込んでしまって……」

「でも、もう心配する必要はありませんよ。あなたは、絶対に大丈夫ですから」

香里さんは、明るい表情になって帰っていきました。

この香里さんの体験談から、もしあなたが「スピリチュアルな世界はおそろしい」とお考えになったとしたら、それだけはやめていただきたいと思います。

そういうふうに考えると、ビクビクする必要のないものまでにビクビクして生きることになります。そうすると、自分の心が暗くなってつらくなるだけですから、やめましょうね。

今では、香里さんの病気は治り、ご夫婦で仲よく暮らされていると、風の便りで聞きました。

2 自閉症で話せなかった七歳児が笑顔と愛の言葉で初めて言葉を発した

「お父さん、お母さん、笑って」

「先生、うちの子どもが自閉症《じへいしょう》なんです……」

そういって、カウンセリングを受けに来られる親御さんも少なくありません。

これからご紹介する優子《ゆうこ》さんも、自閉症のお子さんを持った若いお母さんです。

「うちの子、言葉を発したことが一度もないんです。今日は、うちの子の写真を持ってきているんで、先生に見てもらおうと思って……」

優子さんはそういうと、バッグから一枚の写真を取り出しました。それは、優子さん、ご主人、そしてお子さんの家族三人が写っている写真でした。

「この子なんですけど」

その写真は、お子さんが満面の笑みで写っているのに、優子さんご夫婦は笑顔ではありませんでした。

写真に写っている優子さんご夫婦のお顔を見ていると、優子さんたちが、

「この子は自閉症だから話すことができないいんだ」

「話しかけても意味がわからないんだ」

というような暗示にかかっているように思えてしかたがありませんでした。

「先生、うちの子を見て、何かわかることがあったら教えてください」

「優子さん、お子さんを心配する前に、信じてあげてくださいね」

私がそういうと、優子さんは、

「でも、自閉症だから。七歳になっても、言葉を発することすらできないんです」

「優子さん、お子さんの顔を見てください。ニコニコ、ニコニコと、よく笑っているでしょう。こんないい笑顔でいるということは、

『**お父さん、お母さん、笑って**』って。

お子さんは、それを自分の両親に伝えようとしているんだと思いますよ」

「あっ！」

突然、優子さんが声をあげました。お子さんが自分の描いた絵を見せてくれていたことを思い出したのです。

「うちの子、絵ができるとニコニコしながらやってきて、『ほらっ』って。言葉ではいいませんけれど、『ほらっ』というような感じで、私と主人に見せてくれるんです。

何を描いたのか、よくわからない絵なんですけど、でも、今思い出すと……。いつも、明るい絵でした。

先生がおっしゃる通り、私たちは、あの子に『笑って』と、ずっといわれていたのかもしれません」

わからなくても大丈夫

「だから、ご夫婦で、この子に笑顔を見せてあげてください。それとね、お子さんに愛のある言葉をかけてあげてください」


私がそういうと、優子さんは心配そうな顔をして、

「でも、私たちがしゃべっても、うちの子、言葉の意味がわからないと思うんです」

「わからなくても大丈夫ですよ。『お母さんだよ』とか、『お父さんだよ』って。『あ

なたのことが大好きなんだよ』とか、言葉をかけてあげてください」

するとと、優子さんはこういいました。

「先生、私たち、そういうことをやっていませんでした。しゃべれないと思っていたし、言葉もわからないと思っていたから。

でも、家に帰ったら、さっそくやってみます。笑顔と愛のある言葉を」

そんな話をしてから、一〇日ほどが過ぎたころ、優子さんからお手紙が届きました。

優子さんご夫婦は、笑顔で、

「ママだよ」「パパだよ」

「あなたのこと、愛してるよ」

「生まれてきてくれて、ありがとうね」

といい続けたのだそうです。そして、一週間後、ついにお子さんが、優子さんに向かって、

「マッ！」

と呼んだのだそうです。

「たったひと言ですが、最高にうれしかったです」

お手紙にはそう書いてありました。

3 言葉を変えたら歩行障害を抱える息子が夢の中で奇跡を起こしてくれた

親を守るために生まれた子

ある日、私のカウンセリング・ルームに、優しそうな中年男性の明《あきら》さんがいらっしゃいました。

明さんは、精神的なことをよく勉強されていて、とても心が豊かなかたで、その豊かさが、そのままお顔に現れていました。

また、明さんのお子さんは、二歳のころに足が動かなくなり、以来、ずっと車いすでの生活をされていましたが、

「足の悪い子どもを持ったことを、私は不幸だと思っていません」

——このように、明さんは話してくださいました。

明さんは、お子さんのことで悩んでいるというよりも、どんな縁で、今世、親子として出会ったのかを知りたくて、私のもとに来られたようでした。

「足が悪い子どもとともに人生を歩んでいくのが、今世、私の修行。私の修行のために、この子が生まれてきてくれたんだと思っているのですが……」

明さんは、そうおっしゃいます。でも、私が見た感じでは、明さんにとっての試練になるために、お子さんが生まれてきたのではありませんでした。

「明さん、そのお子さんは、今世、あなたを守るために生まれてきているんですよ」

「えっ、私を守るために、ですか！」

「そうです。しかも、お子さんは、いろんな気づきを与えてくれたでしょ？」

「はい、先生のおっしゃる通りです。この子は、私たち夫婦に感謝を教えてくれました」

明さんは、お子さんが生まれる前は、歩けることが当たり前だと思っていましたが、お子さんの足が不自由になったことで「歩けることは、ありがたい」ということや、思いやりの大切さ、命の尊さなど、いろんなことに気づかれたそうです。

「それから、この子が生まれてから、私は素晴らしい人たち、愛があって、精神的に豊かな人たちと出会いました。だから、今、とても幸せです」

「明さん、それはお子さんが与えてくださった気づきにあなたが応《こた》えたことで、そういう素晴らしい人たちを引き寄せたんです」

「ありがたいですね。この子が今、こうして生きてくれているだけで、ほんとうにありがたいと思います」

このような言葉が自然とわき上がってくる明さんのようなかたには、この先、絶対に悪いことは起きません。だから、私はこういいました。

「大丈夫ですよ」

すると、明さんは、

「ただ、先生、あのですね……」

夢の中で立ち上がって歩いた！

明さんの話によると、お子さんが歩けない原因がわからないそうで、一生、車いすの生活になるかもしれないということでした。

「そうなったとしても、私は子どもを天から授かった大切な命として尊重し、育てていこうと思っているのですが、私たち親がいなくなったときのことを考えると……」

私が見たところ、明さんの心には、「自分は子どものためにしてやっている」という恩着せがましさはありませんでした。私が感じたのは、お子さんが生きていることを喜び、ただひたすらにお子さんの幸せを念じる、親の愛でした。

ただ一つだけ、明さんが「足が悪い」とおっしゃる点が、私には気になりました。

そこで、私は明さんにこのようなお願いをしました。

「明さん、一つだけ、お願いしたいことがあるんです。『足が悪い』というのだけは、おやめになってください」

明さんは「ハッ!」というお顔をされ、こういいました。

「先生のおっしゃる通りですね。『足が悪い』『足が悪い』と、足を悪者あつかいしていいては、足がかわいそうでした」

「そうですよ。**自分も、周りにいるかたも明るく、楽しい気分になって、笑顔になれるような言葉を口にしてください。**

叶《かな》うという字は、口に十と書きますよね。口で一〇回いったことは、叶いやすくなるんです」

「うちの子は一度も歩いたことがないのですが、じゃあ、歩けるようになるかなぁ」

このように楽しそうに語る明さんに、こういいました。

「私は信じます。お子さんの足がよくなるのを信じています」

そういう話をして、カウンセリングは終了しました。


それからしばらくたって、明さんからお手紙が届きました。

明さんは家に戻ると、お子さんに「**生まれてきてくれて、ありがとう**」と伝えたそうです。

「すると、息子はニコニコ、ニコニコ笑ってくれました。私にとって、それがとても幸せでした」

そして、その夜、明さんはお子さんが立って歩いている夢を見たそうです。

「息子が歩いている姿を一度も見たことがないのに、夢で見せてもらって、ありがたいなと思いました。これは、私にとって、奇跡です」

そして、お手紙の最後に、こう書いてありました。

「私は息子を信じます」

私はそれを見て、明さんのお子さんは、この先もずっと幸せだと確信しました。

「生きているだけで、ありがたい」と思っている人に育てられる子どもは幸せだし、子どもにとって、親の「信じてる」という言葉ほど、うれしいものはないのですから。

「明さん、私も息子さんを信じています」

第6章

「幸せの黄色い花」が咲く理由

やれるだけやったら神様に託す

そろそろ本書も終わりに近づきました。ここで、もう一つだけ大切なことをお話しします。

自分と自分の周りを光り輝かせるということをされても、ときには「もう、どうにもならないんじゃないか」と思ってしまうこともあります。

実をいうと、私にもそういうときがあるのです。そんなとき私は、神様に「お任せ」してしまいます。

そして、お任せしたからには、心配しません。心配する、ということは神様を信じていないことになるからです。

神様が喜ぶこと、自分と自分の周りを光り輝かせることを、自分ができる限り一生懸命やっていると、いつか必ず、どこからか答えが出てくる！　そんなふうに私は信じていますし、実際、そうなのです。

ふとしたことで、自分が「あっ！」と気づくこともあります。それから、だれかがその答えを持ってきてくれたり、ふらっと立ち寄った本屋さんでたまたま手に取った本の中にその答えがあったり。なんの気なしにテレビをつけたら、そこに答えが見つかったり。

なぜかはわからないけれど、そうなってしまうのです。

これは私だけでなく、みなさんにもいえることです。その証拠に、この本に登場したかたたちが体験されたことがそうではなかったですか？

だから、心配しなくていいのです。自分ができることを、やれるだけやったら、あとは神様にお任せしたほうがいいのです。

「黄色い花が咲くから大丈夫」

「神様にお任せ」といいながら、実は、少し前、私は神様にお任せできなかったことがありました。

何かに悩んでいたというわけではないのですが、「どうしたらいいかな」と考えていることがあったのです。

私はそのことを考えながら、沖縄のセイファウタキ（斎場御嶽）というところへ行きました。

そして、セイファウタキへ行ったとき、こんな言葉が降りてきました。

「黄色い花が咲くから大丈夫だよ」

でも、私にはその言葉が何を意味しているのかがわからなくて、いっしょに行った人たちと、

「黄色い花ってなんだろう」

「じゃあ、きっと、いいことがあるのかな」

と話していました。

神様の言葉だから「ありがたい」と私は思ったし、考えてもわからないから「考えるのはやめた！」と決めたのですが、ふとしたときに「なんだろう、なんだろう」と考えている自分がいることに気づき、「あぁ、ダメだ、ダメだ。神様にお任せしなきゃ」と思い直したりしていました。

そして、その翌日、ナキジンジョウセキ（今帰仁城跡）というところに行ったんです。

そこには黒糖ジュースを売っているお店があります。私はナキジンジョウセキに行くと、必ずそのお店で黒糖ジュースを飲むんですね。その日も、いつものように黒糖ジュースを飲んでいました。

すると、そのお店のおじさんが、「森の妖精」というお花の種をくださいました。

私が住むいわき市は沖縄ほど暖かい土地ではないので、おじさんに、

「大丈夫かしら。ちゃんと咲くかしら」

とたずねました。

すると、おじさんは、

「四月になったら、種を冷蔵庫に入れるといいよ」

と。

おじさんがいうには、冷蔵庫に入れると種がビックリして、寒さにやられてなんかいられないと一気に力を蓄えるそうです。

「五月になったら冷蔵庫から出して土に植えてね。そうすると、土は温かいから咲くと思うよ」

そんなふうにおじさんは教えてくれました。

そんな話をしていたら、閉店の時間になってしまいました。

「おじさん、ありがとう。じゃあ、私、帰るね」

「今度来るときは、森の妖精を連れてきてよー」

「うん、連れてくるよー」

そして、帰ろうとしたときに、

「あっ、そうだ、おじさん、これって、どんな花が咲くの？」

私がそうたずねると、おじさんは
「黄色い花が咲くよ」

「えっ、黄色い花⁉」

セイファウタキでのことを知らないおじさんは、すずしい顔をして、また、こういいました。

「うん、そうだよ、黄色い花が咲くからね、大丈夫だよ」

私は、セイファウタキで神様から「黄色い花が咲くから、大丈夫ですよ」といわれたけれど、心のどこかで「大丈夫かな」と思っていました。そんな私に、おじさんが「黄色い花が咲くから、大丈夫だ」と。

神様がおじさんになり代わって、再び「心配するな」といってくださったのです！

「あぁ、あのおじさんは神様だった」

と思ったとき、私はうれしい気持ちでいっぱいになりました。

出会う人はみんな神様

黄色は、明るさや楽しさ、優しさ、光などを意味すると、私は思っています。

「黄色い花が咲く」とは、そういった光が多くなるということ。

神様はそれを伝えようとして、おじさんに「黄色い花が咲くから、大丈夫」といわせてくださったのだと、私は信じています。

そして、そう思ったとき、私は改めて気がつきました。

「あのおじさんだけが神様ではなかった。日々出会う人、私の目の前にいるかたすべてが、神様だった」

と。

私はカウンセリングを受けに来られたかたから「先生」と呼ばれていますが、そのかたたちも私にとっては神様です。

私はそのかたたちの生きざまから、愛のすばらしさ、魂《たましい》の力のすごさを、日々教わっています。

しかも、そのかたたちは「先生のおかげで、よくなりました。幸せになりました」とおっしゃってくださって、私の心に灯をともしてくださいました。

私は、いろんな神様から「気づきなさい」「気づきなさい」と応援されていることが、いっぱいあるんだなと思いました。黄色い花が咲きほこる場所、光がたくさんある場所で、私は生かされているのです。

そのことに気づいた私は、幸せをいっぱい、いっぱい感じることができました。

こういう体験は、私だけに起こる特殊な体験でしょうか。いいえ、絶対にそんなことはありません。

みなさんの周りにも、神様がいらっしゃいます。先ほど紹介した「鏡をみがく」というところで「あなたが神様ですよ」という話をしましたが、**「かがみ（鏡）」の「が（我）」を抜くと、「かみ（神）」**なのです。

我を抜いて見てみれば、自分がどこにいようと、自分の周りにいる人はすべて神様です。そのことにひとたび気づけば、あなたにも**「喜べば、喜びごとが喜んで、喜び集めて、喜びにくる」**人生が訪れます。

あなたの意識はまだそのことに気づいていなくても、あなたの心の奥の奥にある光、あなたの魂はすでに知っています。

おもしろく、楽しく、すずやかに自分と自分の周りを光り輝かせていれば自然と心がみがかれて、あなたの中にいる魂が声を発するはずです。

「この人も神様、あの人も神様」って。

その日が来るのを楽しみにしているといいですよ。

私も、今、自分の目の前にいる人、カウンセリングに来られたかた、いろんな神々に、「あなたと会って元気になった」「幸せになった」といわれるよう、顔晴《がんば》ります。

自分の中にある光をみがき、みがき続けて大きな光を外に放ち、一人でも多くの人の心に灯をともしていきたいと、心から思っています。

最後まで本書をお読みくださり、ほんとうにありがとうございました。
私は、幸せになるために生まれてきたすべての魂に感謝と光を送ります。
あなたの笑顔は、周りの人も、ご自分も助けますよ。
すべてのよきことが、雪崩《なだれ》のごとく起きます。
ともに光を、ともに感謝を。

おわりに

あなたの周りにも「幸せの黄色い花」が咲く

昔の日本人は、山や川などの自然、人、生きとし生けるものすべてを神様だと思い、厚く敬《うやま》っていました。それと同様の信仰心を、私は持っています。昔の日本人がそうだったように、神様を感じながら生活しています。

私は自分の心が自然とそれを求めたから、そうしています。でも、人の心は自由です。「ほかは我にあらず」です。みなさんは、みなさんの心が求める神様、宗教を信じられるのがよいかと思います。

本書には神様の話がたくさん出てきましたが、私はみなさんの周りにも「黄色い花が咲く」ことを信じ、誤解をおそれずにお話ししました。

この本の最後に、お世話になっているかたたちへ「ありがとう」を伝えさせてください。

私の師匠である斎藤一人《さいとうひとり》さん。未熟な私を信じ、弟子にしてくださって、ありがとうございます。今世も、あなたに出会えたことが、私の宝物《しあわせ》です。

私を妹のようにかわいがってくださる舛岡はなゑ社長、みっちゃん先生。

いつも応援してくださっている、柴村恵美子社長、芦川政夫社長、芦川勝代社長、小俣和美社長、宇野信行社長、遠藤忠夫社長、千葉純一社長、宮本真由美社長、芦川裕子社長、小俣貫太社長、小俣治郎社長。

いつも私に明るさと優しさ、元気なパワーをくださる、米川廣美さん、大信田洋子さん、松本タカさん。

いつも私を見守り、愛と光で包んでくださる長嶺めぐみさん。

本書を作るに当たって、ともに光を輝かされましたアーバンサンタクリエイティブの道井さゆりさん、マキノ出版の西田徹さん、髙畑圭さん。

みなさんに、心から感謝しています。ほんとうにありがとうございました。

そして、いわき店スタッフ、千栄ちゃん、ゆきちゃん、智恵さん、美貴ちゃん、美津子さん。あなたたちがいてくれることに、心から感謝します。

このような素晴らしいかたたちと巡り会えたのは、両親が私を産んでくれたからです。お父さん、お母さん、ほんとうにありがとうございます。

そして、麻実たちがいつも笑っていてくれていることを、私は心から願っています。

高津理絵

推薦文

理絵ちゃんは神様からのプレゼントです

理絵ちゃん、出版おめでとうございます。

読んでいて、心からうなずけるいい本だと思いました。

私も昔は、悩みを持った人の手相を見たり、スピリチュアルな相談に乗ったりしていたこともあります。しかし、今は多忙のため、そうした個人の相談に乗ることが許されない環境になってきました。

しかし、個人の相談というのは非常に大切なものです。だれか代わりにスピリチュアルな相談を受けられるような人を神様が授けてくれるといいなと思っていましたが、まさにぴったりな人が理絵ちゃんでした。

理絵ちゃんのすごいところは、一人ひとりの相談に乗ることによって、その人の悩みを解決するだけでなく、そのアドバイスをほかの人が聞いても、それが心の支えになり、自分を高めてくれることだと思います。

理絵ちゃんと出会えたこと、偶然こんなに素晴らしい人が私のお弟子さんになってくれたことに、ただただ感謝します。

斎藤《さいとう》一人《ひとり》

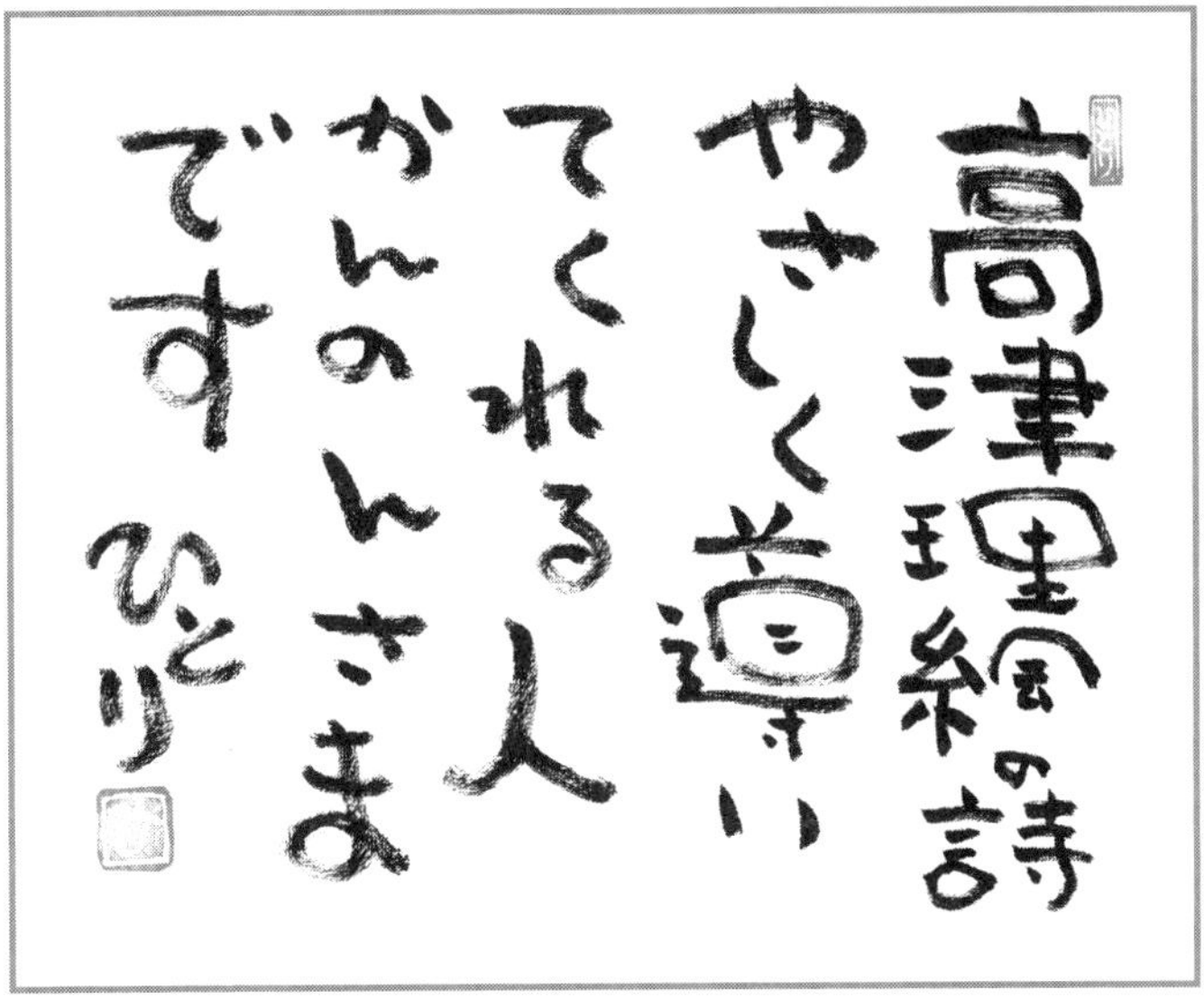
高津理絵の詩
やさしく導い
てくれる人
かんのんさま
です
ひとり

私の師匠である斎藤《さいとう》一人《ひとり》さんからの
プレゼントです。私の一生の宝物でもあります。
この書から出るスピリチュアル・パワーを
みなさまに！

装幀　フロッグキングスタジオ

あなたの笑顔は、人も、自分も助けるよ。

高津 理絵（たかつ　りえ）

1974年、福島県生まれ。幼少時より不思議な体験をくり返す。2004年、累積納税額日本一として知られる斎藤一人氏の勧めにより、スピリチュアル・カウンセラーとしての活動を本格的にスタートする。「幸せになれる」と口コミで大評判となる。手相・人相鑑定、スピリチュアル・カウンセリングと講演活動を展開している。著書に、『幸せが雪崩のごとく起こる本』『1日5分でいいことが起こる！「スピリチュアル・パワー」の高め方』（ともにマキノ出版）がある。

幸せをみがく本

2007年8月3日　第1刷発行
2008年6月28日　第4刷発行

著者……高津理絵

発行者……梶山正明
発行所……株式会社マキノ出版
東京都文京区湯島2-31-8
〒113-8560
電話　編集部　03-3818-3980
　　　販売部　03-3815-2981
http://makino-g.jp/

印刷所・製本所…大日本印刷株式会社

定価はカバーに明示してあります。
万一、落丁・乱丁のある場合は、購入書店名を明記のうえ、小社販売部までお送りください。送料負担にてお取り替えいたします。

ISBN978-4-8376-7079-7